Nikolaus Jungwirth / Gerhard Kromschröder

Flokati-Fieber

Liebe, Lust und Leid der 70er Jahre

Eichborn Verlag

CIP-Kurztitelaufnahme der Deutschen Bibliothek

Jungwirth, Nikolaus/Kromschröder, Gerhard:
Flokati-Fieber – Liebe, Lust und Leid der 70er Jahre
Frankfurt am Main: Eichborn 1994

ISBN 3-8218-1181-1

Umschlaggestaltung und Layout: Jungwirth & Kromschröder
Gesamtproduktion: Fuldaer Verlagsanstalt GmbH

Der Lange Marsch durch die Wohnlandschaft

Ist der Flokati der Nierentisch der 70er Jahre? Eine Antwort darauf könnte allenfalls so unsinnig ausfallen wie die Frage selbst. Denn dem Versuch, die Vergangenheit zu rekonstruieren, droht keine größere Gefahr, als gängigen Bildern auf den Leim zu gehen, die sich durch fortwährende Reproduktion so stark ins allgemeine Gedächtnis eingegraben haben, daß sie schließlich zu unumstößlichen Kennzeichen geworden sind, wie schnell zu begreifende und leicht zu behaltende Piktogramme.

Die Bildung solcher Symbole geschieht natürlich nicht von ungefähr. Die Menschen der Siebziger waren zum Beispiel tatsächlich von diesem haarigen Wollteppich so begeistert, daß er sehr bald nicht nur zur Standardausstattung moderner »Wohnlandschaften« der wohlsituierten Bundesbürger gehörte, obwohl seine Fusseln sämtliche Waschmaschinen verstopften. Der unpraktische, schwer zu reinigende Schmutzfänger war auch unter dem Hochbett jeder Wohngemein-

schaft oder in der mit Matratzen ausgepolsterten Ecke mit den farbigen Wachskerzen und den Räucherstäbchen ein unverzichtbares Wohnaccessoire.

Diese milieuübergreifende Beliebtheit brachte es mit sich, daß der Flokati zum allgegenwärtigen Inventar der Siebziger gehörte und deshalb in der Erinnerung an dieses Jahrzehnt einen ähnlich hervorgehobenen Platz einnimmt wie der Nierentisch in der Rückschau auf die 50er Jahre. Aufschlußreich wird die Betrachtung der Vergangenheit aber häufig gerade dann, wenn Zeitdokumente ins Blickfeld geraten, die dem Selbstverständnis der betreffenden Periode widersprechen und den Stereotypen nostalgischer Erinnerung zuwiderlaufen.

Das gilt beispielsweise für eine höchst bemerkenswerte Erscheinung der Siebziger, die in keiner Weise in die landläufigen Vorstellungen vom Geschmack der Zeit paßt: Der hinter der Heckscheibe gut sichtbar im Auto mitgeführte Schmucküberzug, unter dem eine Rolle Toilettenpapier kokett verborgen und zugleich stolz zur Schau gestellt wird, weist außer der damals so beliebten Fertigungstechnik – die sehr verschiedenen Klopapierschoner sind immer in Handarbeit aus gehäkelter Wolle hergestellt – keinerlei Stilmerkmale der 70er Jahre auf.

Es steht aber fest, daß es sich um eine Erfindung dieses Jahrzehnts handelt, die rasch eine erstaunliche Verbreitung fand und gegen Ende der Dekade integrierter Bestandteil des Autozubehörs vieler Pkw war. Weder in vorangehenden Perioden, noch danach hat die Popularkultur eine vergleichbare Form gefunden, sich so kreativ mit dem Fäkalen – und damit der eigenen Zwanghaftigkeit – zu befassen. Die Nähe zum elementaren, für das menschliche Verhalten so be-

stimmten Bereich des Analen macht diese zunächst untypisch scheinende Hervorbringung zu einem wesentlichen Beleg der Epoche, der mindestens so aussagekräftig ist wie Rüschenhemden und Massivholzmöbel.

Natürlich geben auch die Produktionen der Hochkultur Auskunft über die Zeit ihrer Entstehung. Ein Abbild des realen Lebens bieten sie aber ebensowenig wie die kollektiven Phantasiebilder, welche den herrschenden Zeitgeist ausmachen: Zwar wurden die Fußgängerzonen und Großraumbüros, die Gemeinschaftsräume der Wohngemeinschaften und die Sozialbauwohnungen von Menschen bevölkert, die sich ganz nach der Zeitmode in taillierte Hemden und Blusen und unten trompetenförmig ausgestellte, im Schritt aber um so beengendere Hosen gezwängt hatten. Aber selbst wenn sie zudem noch Hippie-Schmuck vor der Brust und Plateauschuhe an den Füßen trugen, ähnelten sie den Flower-Power-Gestalten auf ihren Lieblingspostern und den Les-Humphries-Singers im Fernsehen nur sehr bedingt.

Gerade die genaue Beobachtung dieser Differenzen zwischen den imaginierten Idealen und deren Konkretisierungen im Alltag vermag die Darstellung einer Epoche auf den Punkt zu bringen. Es sind vor allem diese beabsichtigten, aber verunglückten Annäherungsversuche an aktuelle modische Vorbilder und die massenhaften Beispiele ihrer kleinbürgerlichen Adaptionen, die dem Zeitzeugen der Siebziger ins Gedächtnis treten, wenn er sich den aus den Tiefen der Erinnerung aufsteigenden Bildern einer kaum noch zu begreifenden Zeit überläßt, als die Unternehmer noch händeringend um Arbeitskräfte warben, jeder Vernünftige der Überzeugung war, daß Geschichte »voran« geht, alle Menschheitsprobleme gelöst werden können, und so abwegige Gedanken wie die an eine deutsche Wiedervereinigung hoffnungslos verbohrten Spinnern überließ.

Fremd erscheint heute das bis an die Grenze der Selbstüberschätzung reichende Vertrauen der Menschen in die eigenen Gestaltungsmöglichkeiten, die Verachtung, die sie allen Formen von Skepsis und Zurückhaltung entgegenbrachten, und ihre Neigung, jede harmlose Marotte als bedeutsames Anzeichen für ein fortschrittliches Bewußtsein zu verstehen.

Dieser Eindruck kollektiver kindlicher Altklugheit mag mit dem Umstand zu tun haben, daß der Zurückschauende die Vergangenheit zwangsläufig mit der Abgeklärtheit dessen betrachtet, der in der Zwischenzeit einige Erfahrungen dazugewonnen hat. Diese ohne eigenes Zutun erworbene kostenlose Klugheit bewahrt zwar nicht immer vor billiger Beurteilung, kann aber den Blick fürs Charakteristische schärfen.

Was war also das Charakteristische dieses Jahrzehnts, in dem abgerundete Ecken und gesoftete Kanten modern waren, Pelziges und Haariges und alle wolligen, samtenen und fusseligen Materialien geschätzt wurden und selbst Buchstaben nicht mehr gerade und rechteckig sein durften, so daß Schriftzeilen zu unlesbaren Ornamenten wurden?

Die Siebziger waren eine romantische Epoche, in der die klassische Form verpönt war. Nicht nur die verquollenen Schriften, die nun nicht mehr nur über den Eingängen von Discotheken und Boutiquen zu finden waren, erinnerten eher an Arabesken oder im psychedelischen Rausch erlebte Halluzinationen, denn an klar zu entziffernde lateinische Lettern. Auch beispielsweise ein Herrensakko sollte möglichst nicht mehr wie ein Herrensakko, ein Schuh nicht mehr wie ein Schuh aussehen und eine Wohnzimmereinrichtung schon gar nicht wie eine Wohnzimmereinrichtung, sondern wie eine »Wohnlandschaft«. Ausgesprochen fortschrittliche Leute schliefen auf nur über Leitern zu ersteigenden Holzkonstruktionen dicht unter der Zimmerdecke, oder auf dem Fußboden, aber nicht in einem halbhohen Bettgestell.

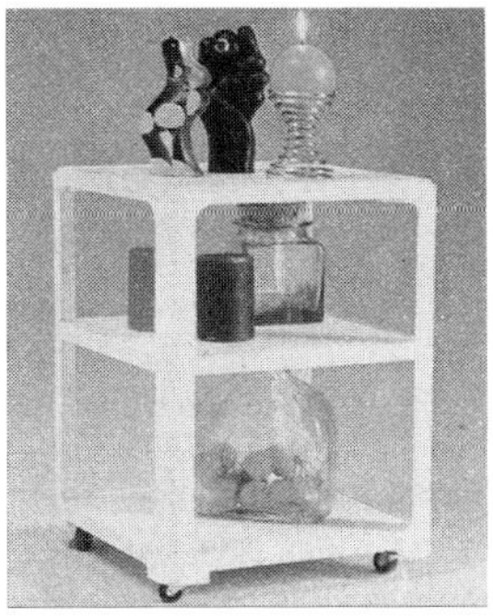

Aber nicht nur gegen den bequemen Mittelweg sowie gegen Aussehen und

Gebrauch gewohnter Alltagsutensilien richtete sich die wütende Abneigung, sondern gegen die Funktionsweise der Welt überhaupt. Diese umgehend zu erneuern, schien den veränderungsfreudigen Menschen ohne weiteres möglich. Schließlich boten unzählige politische und weltanschauliche Zirkel, die sich auf die Lehren bedeutender Denker beriefen, sowie von eindrucksvollen Gurus geführte Sekten unterschiedlichster Glaubensrichtungen ihre erfreulich einleuchtenden Gebrauchsanleitungen hierzu an.

Nachdem sich aber gegen Ende des Jahrzehnts herausgestellt hatte, daß die Konzeption dieser Rezepte wesentlich einfacher war als ihre Umsetzung, besann sich ein Teil der Avantgarde auf eine Möglichkeit der Veränderung, die der Menschheit bereits während ihrer gesamten Existenz auf Erden immer wieder als rettender Anker im chaotischen Strom der Zeit erschienen ist: Alles sollte werden wie früher. Die im Überfluß Großgewordenen erlagen der Faszination der natürlichen Einfachheit und der Sehnsucht nach einer Gemeinschaft, in der nicht der kritisch vorwärtsdrängende Geist der frühen Siebziger herrschen sollte, sondern eine Atmosphäre des Einklangs mit der Natur.

Und ausgerechnet diese unoriginellste Idee aus dem reichhaltigen Angebotskatalog der Siebziger büßte auch nach dem Ende des Jahrzehnts ihre Wirkung nicht ein, sondern entwickelte sich als einzige zu einer ernstzunehmenden gesellschaftlichen Kraft. Was heute als ökologische Bewegung ein bestimmendes Element der Politik ist, begann damals ganz harmlos: Einige flachsbärtige Männer in mit folkloristischen Kreuzstichmustern bestickten Leinenhemden und ihre ewig strickenden Frauen wollten auf einmal die hygienisch abgepackten Lebensmittel und praktischen Fertiggerichte aus den Supermärkten nicht mehr essen und sehnten sich nach den aus Erzählungen ihrer Eltern bekannten Kolonialwarenläden, die von nun an poetisierend »Tante-Emma-Läden« genannt wurden.

Weil es die aber nirgendwo mehr gab, übersiedelten sie in moderige Bauernhäuser in entlegenen Gegenden, wo sie unangefochten ihre selbsthergestellten naturrübensirupgesüßten Vollkornapfelschnitten verzehren konnten, ihren Kindern das durstlöschende Coca-Cola verwehrten und sie statt dessen mit hausgemachtem Kefir quälten. Das »alternative Leben« sollte fernab der Errungenschaften des Wohlstands stattfinden und wirkte wie die Imitation der mittlerweile nostalgisch verklärten Notzeiten der Kriegs- und Nachkriegsjahre. Was in den Siebzigern noch wie der aus Überdruß am Überfluß geborene kokette Protest gegen den immer hektischeren Konsum aussah, erscheint nachträglich eher wie ein in weiser Voraussicht veranstaltetes Training für schlechtere Zeiten.

So endete das Dezennium ganz anders, als es angefangen hatte. Die Entwicklung seiner Charaktereigenschaften verlief in einem weiten Bogen vom poppignaiven Vertrauen auf den Fortschritt bis zur selbstquälerischen Besorgtheit über die ökologische und weltpolitische Zukunft. Von der Zuversicht, durch eigene Kraft die ganze Welt verändern zu können, bis zu der Einsicht, sich gegen das Walten der Natur nicht auflehnen zu dürfen. Es ist das Jahrzehnt, in dem leidenschaftlich für mehr Demokratie und Bürgerfreiheit gestritten wurde und in dem gleichzeitig die politische Überwachung der Bevölkerung perfektioniert, die Berufsverbote eingeführt und die Aufrüstung der Polizei in noch nie gekanntem Ausmaß betrieben wurde.

Alle diese Facetten in der nachträglichen Darstellung einer strengen Systematik unterwerfen zu wollen, hieße den lebendigen und deshalb unberechenbaren Verlauf der Geschichte in das theoretische Raster des eigenen Ordnungsbedürfnisses zu zwingen. Betrachten wir das konfuse Jahrzehnt also lieber so, wie es in der Erinnerung zweier aufmerksamer Beobachter des Zeitgeschehens erhalten geblieben ist, die es selbst – sowohl aktiv teilnehmend als auch passiv erleidend – durchlebt haben.

Das Gebo

die 70er Ja

Die Alten machen mehr Arbeit

Von JÜRGEN CIESLIK

Bonn, 30. Dezember

Die deutsche Industrie blickt optimistisch in die 70er Jahre. Es wird ihr weiter gutgehen. Aber der Boom der 60er Jahre wird sich nicht wiederholen.

In einer Prognose des Deutschen Industrie-Institutes wird vorausgesagt:

- **Die chemische Industrie, die Eisen- und Stahlindustrie und die Mineralöl-Wirtschaft bleiben gut im Rennen.**
- **Auch der Steinkohlebergbau und der Maschinenbau können optimistisch in die 70er Jahre sehen.**
- **Dagegen wird es in der Automobil-Industrie nicht mehr so stürmisch weiter aufwärtsgehen wie in den 60er Jahren.**

t Nr. 1 für

ahre: Fleiß

Die Jungen müssen mehr lernen

Besondere Sorge der Industrie: der Arbeitskräftemangel infolge der ungünstigen Bevölkerungsstruktur (zu viele alte Menschen). Die Folgen:

1 Jeder einzelne Arbeitnehmer muß bis 1980 mehr produzieren als bisher, weil er für die mitarbeiten muß, die dann nicht mehr im Arbeitsprozeß stehen und Rente beziehen.

2 Junge Menschen, die in das Berufsleben treten wollen, müssen lernen, lernen und nochmals lernen. Sonst haben sie in der hochindustrialisierten Gesellschaft mit ständiger Rationalisierung und Spezialisierung keine großen Berufschancen mehr. Deshalb muß die Schul- und Ausbildungszeit verlängert werden.

Gesellschaftlich eingeübtes Benehmen gibt sich in den Siebzigern lockerer. Selbst beim Tanzstunden-Abschlußball gelten die strengen Kleidervorschriften nicht mehr. Die Herren verzichten auf den dunklen Anzug. Lange Haare – allerdings frisch gewaschen und geföhnt – sind zugelassen, die Abendkleider der Damen sind in lebhaften Farben und Mustern gehalten.

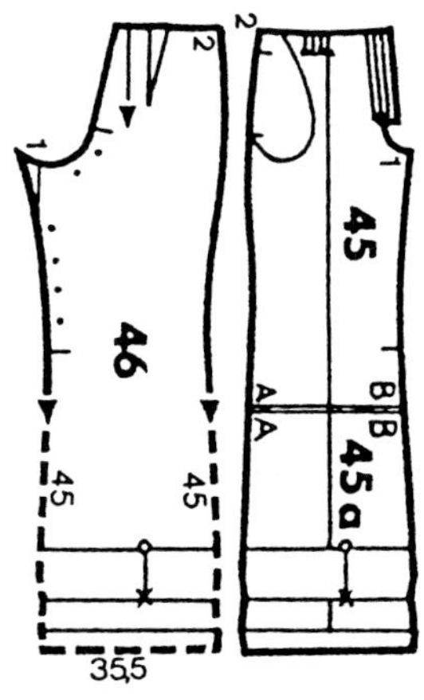

Modische Umschlaghose
Stoffverbrauch: 1,55 m, 150 cm breit.
1 Zipp-Reißverschluß, 18 cm lang.

1973 ist das Jahr der internationalen Ölkrise und der Fahrverbote in der Bundesrepublik. An den »autofreien« Sonntagen sind die Autobahnen wie leergefegt. Kein eindringlicheres Bild als dieses kann den Westdeutschen – denen ihre Autos Inbegriff persönlichen Wohlstands und allgemeiner Prosperität geworden sind – die Erkenntnis erschreckender vor Augen halten, daß der von Staat und Wirtschaft propagierte permanente ökonomische Zuwachs und der von den Linken beschworene Fortschritt keine naturgegebenen Entwicklungen sind.

Disziplin, Ordnung, Sauberkeit – fortschrittliche Väter und Mütter praktizieren den radikalen Bruch mit diesen alten Erziehungsidealen, unter deren Knute sie von ihren Eltern aufgezogen worden waren. Mit ihren eigenen Kindern wollen sie statt dessen human und »repressionsfrei« umgehen. So machen sie sich nun daran, in »Kinderläden« die antiautoritäre Theorie in die Tat umzusetzen. Kaum ein Kinderzimmer bleibt von den Spätfolgen dieses großangelegten Feldversuchs herrschaftsfreien Umgangs unbeeinflußt.

Haare wachsen in den Siebzigern ungezügelt lang. Der selbstbestimmte, freie Umgang damit, bis hin zum unprofessionellen Selbstschneiden bei Frauen wie bei Männern, stellt ein ernstes Problem dar für das seit jeher von der Haarkontrolle lebende Friseurhandwerk. In der vor-olympischen Euphorie 1972, die sowohl von Bierproduzenten als auch von Sporttaschen-Herstellern zur Promotion ihrer Produkte genutzt wird, präsentiert die deutsche Friseur-Zunft ihren »amtierenden Weltmeister im Damenfrisieren, Michael Rosinski«. Für ihn stecken fünf Damen ihre komplizierten, betreuungsbedürftigen Hochsteck-Frisuren durch die Olympischen Ringe. Der Worldchampion aus Bielefeld, der sein Langhaar linksseitig korrekt und sauber gescheitelt trägt, hält einen überdimensionierten, mit zwei Durchlaßbreiten ausgestatteten weißen Kamm hoch – wie die Drohgebärde wider die eigenwillige, friseurunabhängige Haargestaltung.

Die sich nach radikalem politischem Umbruch sehnende, aber in der alltäglichen Realität auf theoretisierende Gedankenarbeit beschränkte linke Avantgarde entwickelt eine verständliche Vorliebe für die zur praktischen Tat aufrufende Faust als Symbol des revolutionären Kampfes und körperlicher Arbeit.

Die Friedenstaube mit einer agressiv geballten Faust als Schwanz ist die gewagteste Kombination, aber nur eines unter vielen Emblemen, für welche das Sinnbild Faust Verwendung findet. In unterschiedlichster stilistischer Ausprägung und in Verbindung mit Schraubenschlüssel, Bleistift, Rose und vielen anderen bekenntnishaft emporgereckten Gegenständen dient das Motiv den verschiedensten linken Gruppen als Marke – der Nachwuchsorganisation der Regierungspartei SPD ebenso wie dem militanten »Kommunistischen Bund Westdeutschland (KBW)«.

Selbst die christliche Sekte der »Jesus People« geht mit der Zeit und wählt sich die Faust als Signet – wenn auch mit einer kleinen, aber entscheidenden körpersprachlichen Abwandlung: der ausgestreckte Zeigefinger weist jetzt mahnend gen Himmel. Die Bedeutung des alten Symbols der kämpfenden Arbeiterklasse wird in ihr Gegenteil verkehrt und zum auf die Allmacht Gottes verweisenden Piktogramm.

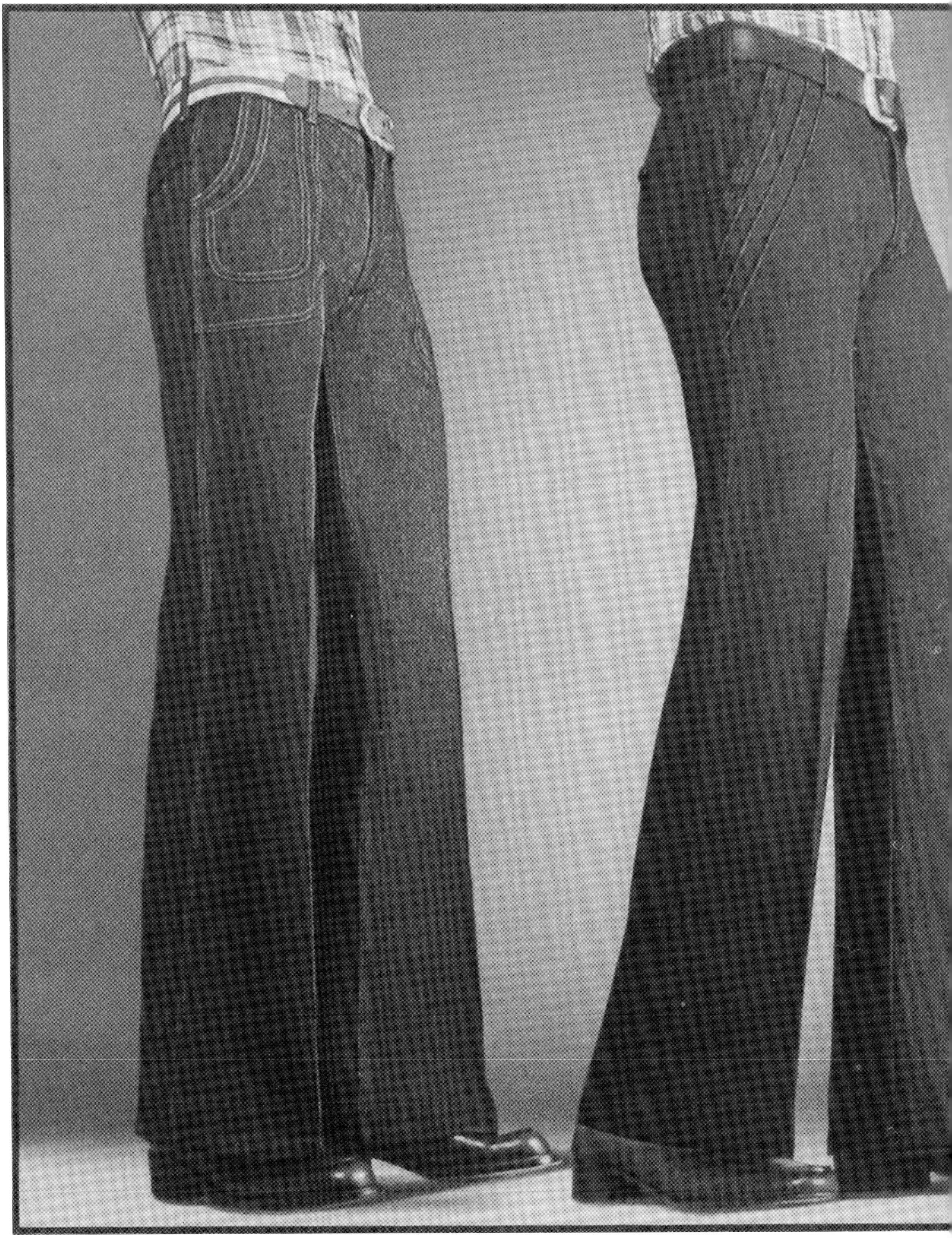

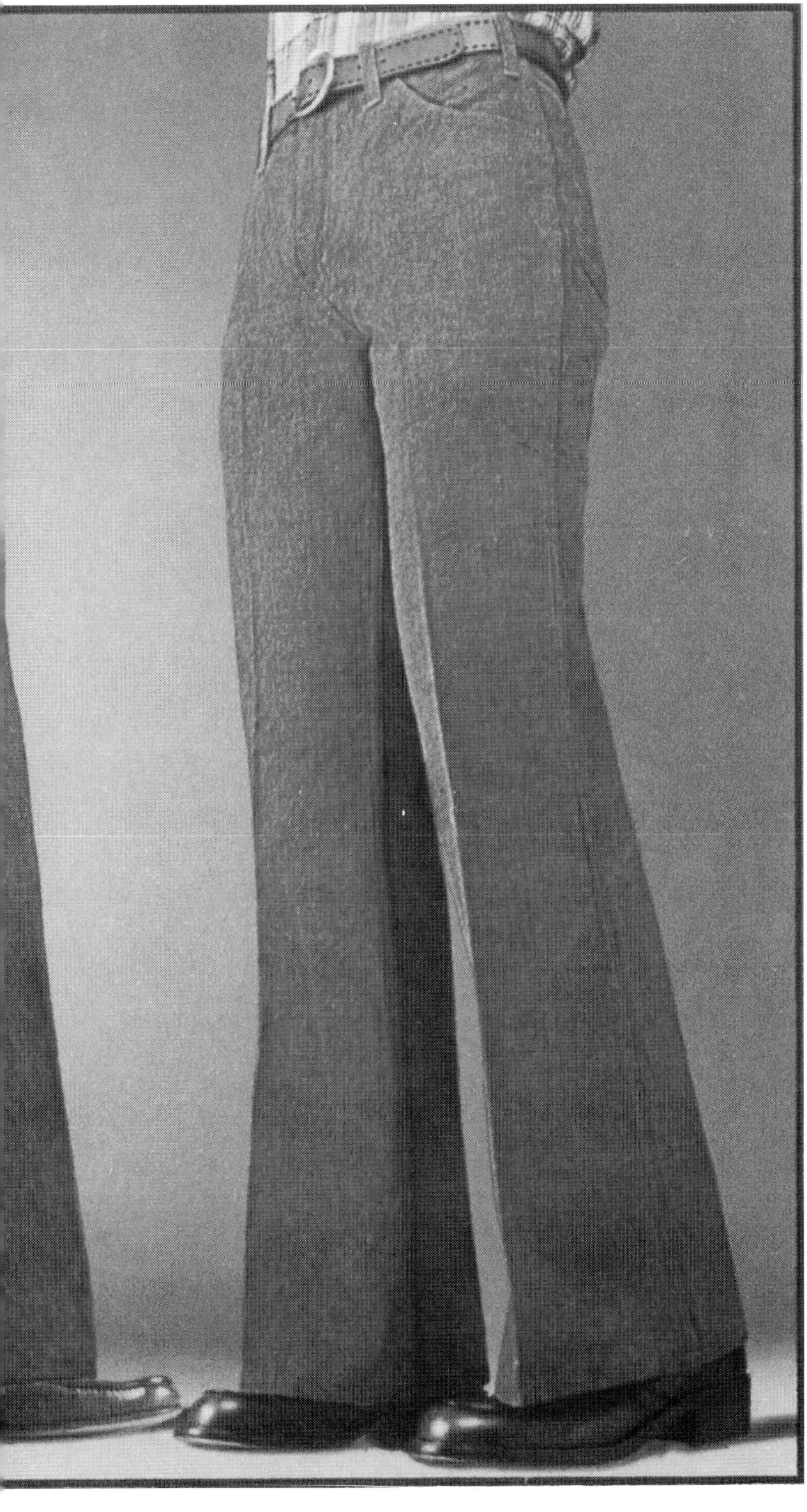

Dem modischen Ideal der 70er Jahre entsprechen im Verhältnis zum Rumpf überlange Beine. Wer aber von Natur aus diesem Ideal nicht genügt, hat die Möglichkeit, Plateau-Schuhe zu tragen, die durch die weiten, bis zum Boden reichenden Hosenbeine verdeckt werden und die ihren Träger etliche Zentimeter größer erscheinen lassen können.

Die Gitarre, in ihrer ganzen Artenvielfalt, ist das gängigste Musikinstrument der Siebziger. »Liedermacher« und »Polit-Barden« nutzen sie zur akustischen Untermalung ihres textintensiven, engagierten Liedguts; sie dient dazu, öffentliche Grünflächen im Auftrag kommunaler Verwaltungen »bürgernah« zu beschallen, und selbst in der neonbeleuchteten Unwirtlichkeit zugiger unterirdischer Fußgängerbereiche wird ihr zugetraut, dort zeitgemäß fröhliche Ungezwungenheit verbreiten zu können.

Wollkrake: Selbstgearbeitetes, zum Teil auf vorgefertigten Pappschablonen gestricktes buntes Fabeltier. Beliebtes Mitbringsel in den Siebzigern.

Mit Stecknadeln angepinnte Poster-, Flugblatt- und Privatfoto-Sammlung als optische Verdichtung des Arbeitsareals gegenüber dem sachlich wandschmuckarmen Wohnbereich.

Regalsystem eines skandinavischen Möbel-Abholmarktes mit variablen Einlegeböden aus massiv Kiefer, auf dem aber nur wenige Bücher und ein Fernsehgerät stehen. Das Möbelstück dient in erster Linie auch gar nicht als Regal, sondern hat, dem herrschenden Zeitgeschmack entsprechend, die Funktion eines »Raumteilers«.

Spitzenvorhang mit Vogelmotiven, aus der Innensicht den äußeren, prosaischen Charakter des Wohnhauses romantisch kaschierend.

Arbeitsplatz mit Schreibtisch, bestehend aus einer auf zwei Böcken quergelegten Holzplatte.

Stromlinienförmig modern gestalteter Fernsehapparat, schwarzweiß, geeignet zum Empfang von ARD und ZDF sowie des jeweils lokalen Dritten Programms.

Kerzen, möglichst selbstgezogen, in verschiedenster Wachsqualität und Stärke zur Schaffung von als natürlich empfundenen, anheimelnden Lichtverhältnissen.

Trockenblumenstrauß, bis über das Verrotten hinaus aufbewahrt, als verstaubte Erinnerung an eine »relevante Beziehung«.

Selbstgemachte Häkeldecke, analog zum Zeitgeschmack in den Grundfarben Orange und Braun gehalten.

Clogs. Unförmiges Schuhwerk mit auf massivem hölzernem Fußbett vernageltem, nach hinten offenem Oberteil.

Der als Nachttisch, u. a. für den neu eingeführten elektrischen Wecker genutzte zweite große Lautsprecher der neuzeitlichen Stereo-Anlage, als akustischer Zugang zur Welt des Psychedelischen.

Handgeflochtene Körbe als Behältnisse für unvollendete Strick- und Häkelarbeiten.

Besuchersessel. Mit braunem Leinen bezogener Freischwinger mit braunlackierten Metallbeinen.

Schaumstoffgepolstertes »Bettsofa«, mit Cord bezogen. Hochklappbar zum Verstauen des Bettzeugs, bewegliche Rückenteile.

Naturholz-Stecktisch, unbehandelt, vom Möbel-Abholmarkt.

Im oberen Teil lasierte spanische Töpferarbeit, genutzt als Behälter für Süßigkeiten oder Streichhölzer oder auch als Fondue-Topf für kulinarische Geselligkeit.

Schon seit den 60er Jahren stellt die neue Mode, sich die Haare nicht mehr nach preußischem oder amerikanischem Vorbild kurz scheren zu lassen, für viele Teenager und jungen Männer ein permanentes Problem dar. Wer selbstbewußt seine Haarpracht zur Schau trägt, kann zwar in dem stolzen Gefühl leben, dem sowohl modisch als auch politisch fortschrittlichen Teil der Gesellschaft anzugehören, hat aber mit seinen Eltern, Lehrern und Chefs oft beträchtlichen Ärger auszustehen. Selbst in den frühen Siebzigern muß er in vielen öffentlichen Bädern noch Unannehmlichkeiten in Kauf nehmen.

e mit langen Haaren
Bademütze tragen

Lässiger beiger Rollkragenpullover, sandfarbene Tuchhosen, die, den Geboten der eleganten Herrenmode folgend, leicht auf den schwarzen Halbschuhen aufsitzen. Die in den Siebzigern bundesweit eingeführte neue Polizeiuniform, die dieser langhaarige, fröhlich strahlende Beamte mit werbend exhibitionistischer Geste vorführt, will der Polizei ein neues Image verleihen.

Die von der Szene »Bullen« genannten Ordnungshüter sollen durch ihr neues Erscheinungsbild die Bemühungen unterstreichen, die Beamten auch modisch in die Gesellschaft zu integrieren und eine freundliche, »bürgernahe« Polizei zu schaffen. Doch ihre Bewährungsprobe hat die Polizei der Siebziger nicht in ziviler Sanftheit zu bestehen. Das Bild des

Sicherheitsapparats wird statt dessen geprägt durch zunehmende Bewaffnung und durch »Mobile Einsatzkommandos« (MEK) und »Sonder-Einsatzkommandos« (SEK) die sich im stahlhelmhartem Habitus als militärisch aufgerüstete Truppe für Anti-Terror-Einsätze präsentieren.

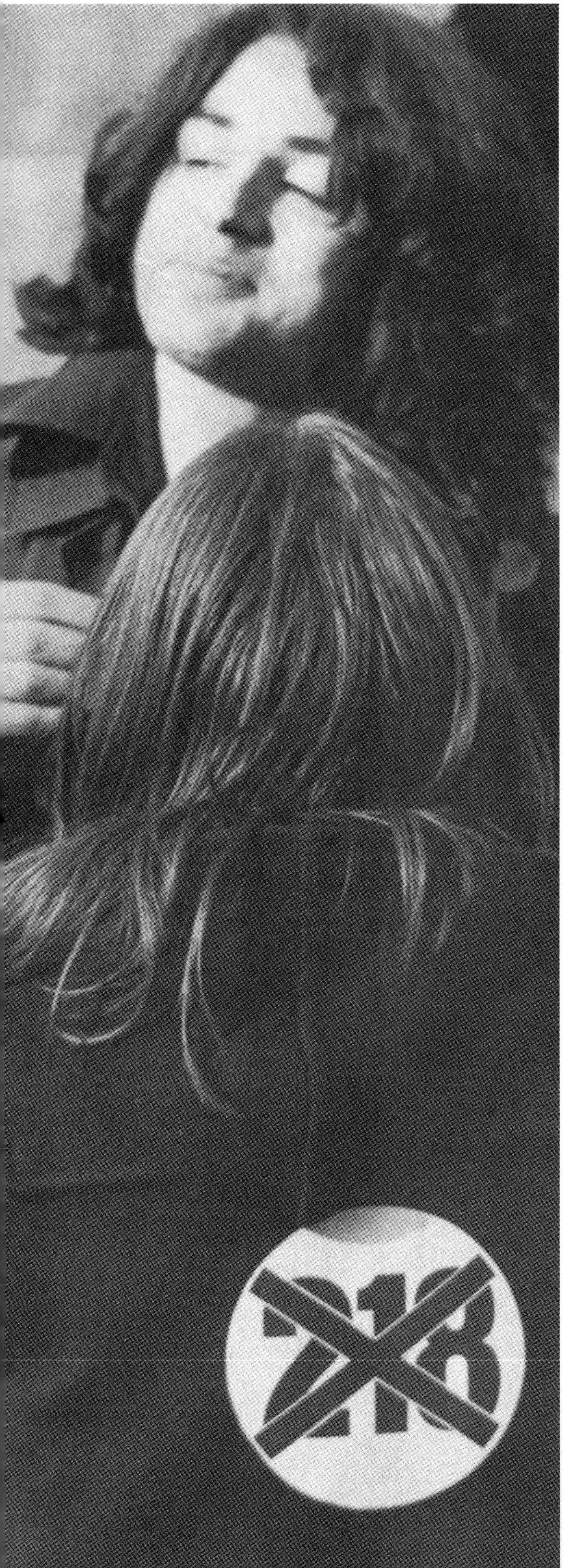
218

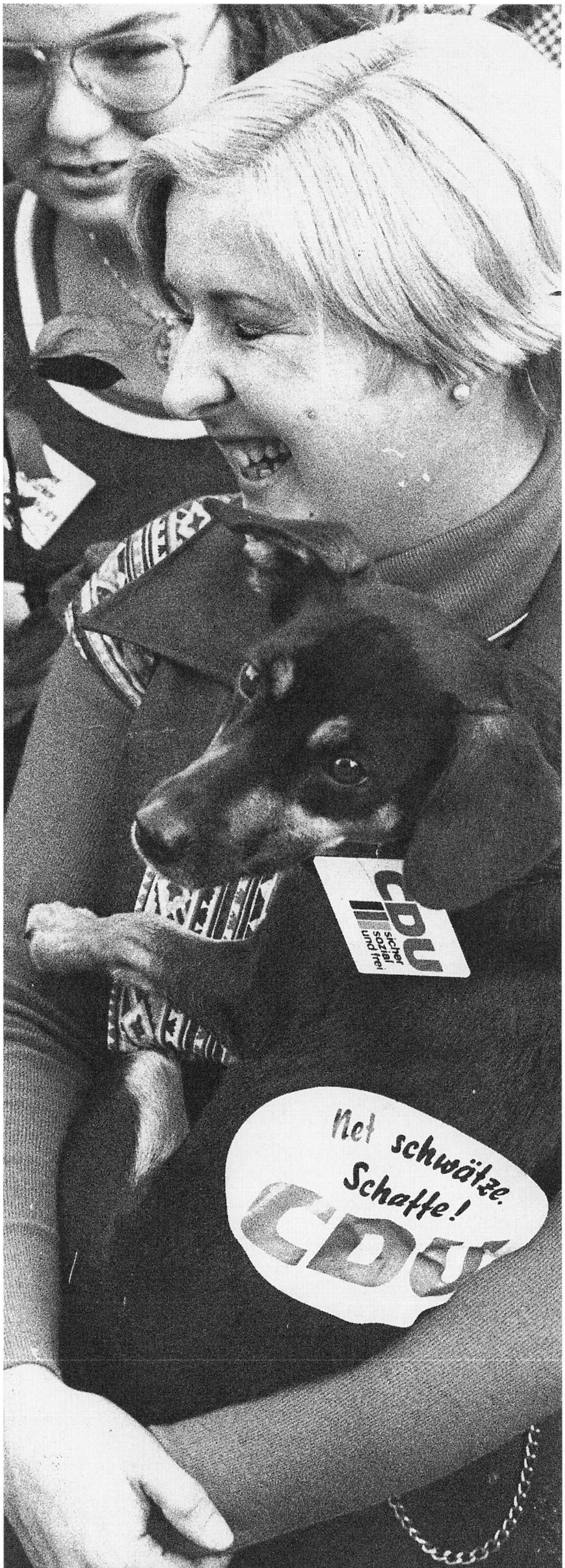
CDU
sicher
sozial
und frei
Net schwätze.
Schaffe!

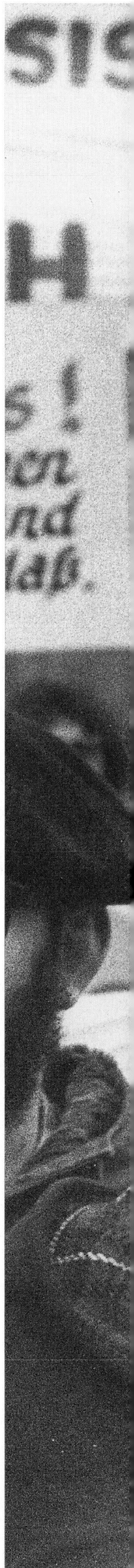

Die für eine antiimperialistische Einstellung stehende, »Palästinenser-Tuch« genannte arabische Kufija gehört neben Buttons, Anstecknadeln und Selbstklebefolien zur Vielzahl der am Körper getragenen Kennzeichen politischer Gesinnung. Und selbst Haustiere scheuen sich nicht, unter Zuhilfenahme gängiger Sloganträger ihren Überzeugungen öffentlich Ausdruck zu verleihen.

Nicht nur die drei Dressmen, die bei der Internationalen Herrenmodewoche in Köln die neue, helle Sommermode vorführen, sind im Chic der Zeit gekleidet. Im Wettbewerb um die Auszeichnung »Bestgekleideter Herr des Jahres 1974« haben die ersten drei Siegerplätze belegt: Der Turner Eberhard Gienger sowie die beiden Fernsehprominenten Franz Alt und Frank Elstner. Hüftschmale Hosen, nach unten so breit auslaufend wie ein Schuh lang ist, sowie die engsitzenden Sakkos mit breiten, bis zum Ärmelansatz reichenden Revers sind bei allen sechs Herren gleichermaßen vorbildlich.

1974 tritt Willy Brandt als Kanzler zurück – gerade anderthalb Jahre nach seiner überwältigenden Bestätigung in der Bundestagswahl vom November 1972. Da waren so viele Menschen in die Wahllokale gegangen wie nie zuvor und nie mehr danach: Über 91 Prozent. Unter der Parole »Mehr Demokratie wagen« war es der SPD gelungen, den Reformüberschwang der frühen Siebziger für die Wahl Brandts zu nutzen. Die Politikversessenheit dieser Jahre, mit öffentlichen Straßenbekenntnissen und öffentlich manifestierten privaten Auswanderungesbeteuerungen, beschreibt das fast erotische Verhältnis eines Großteils der Bevölkerung zu den öffentlichen Angelegenheiten.

Stimmungswende, Mai 1974: Nachfolger des populären Visionärs Willy Brandt wird der Technokrat Helmut Schmidt. Die SPD stellt zwar weiterhin den Kanzler, doch die Aufbruchseuphorie weicht der Bewältigung praktischer politischer Aufgaben.

Der Stolperstein: Ein »Offizier im besonderen Einsatz«, Günter Guillaume, Hauptmann beim Ministerium für Staatssicherheit. 1951 aus der DDR in die Bundesrepublik geschickt, schafft es der Perspektiv-Spitzel der Stasi bis ins Zentrum der Macht an die Seite Willy Brandts aufzusteigen. Der in der Aussöhnung mit dem Osten engagierte Kanzler Brandt wird Opfer einer Ost-Intrige.

Zu Beginn des Jahrzehnts werden Atomkraftwerke noch völlig bedenkenlos gebaut und in Betrieb genommen. Die Hochschätzung der Fähigkeit des menschlichen Geistes, Probleme zu beherrschen und zu lösen, gilt für kritische Linke als aufgeklärt und fortschrittlich, für Konservative ist sie Ausdruck ihres Vertrauens in das verantwortungsvolle Management der freien Wirtschaft. Die zunehmende »friedliche Nutzung der Kernenergie« ist eine zukunftsweisende Vision für alle, und niemand kann sich vorstellen, welche Ängste gegen Ende des Jahrzehnts mit diesem Thema – und der Umweltproblematik überhaupt – verbunden sein werden. Nur aus dieser Bewußtseinslage heraus läßt sich die Gestaltung einer Stellenanzeige aus dem Jahre 1970 erklären: Werbe-

wirksam ist sie mit der Darstellung eines modernen Atommeilers illustriert, der mit einem knapp über ihn hinwegdonnernden Düsenjäger den Begriff Sicherheit sinnfällig visualisieren soll.

Nach der antiautoritären Phase der 60er Jahre entwickelt sich eine Tendenz zur Bewunderung großer Vorbilder: Anhänger der marxistischen Ideologie studieren nicht nur eifrig die Lehrbücher des Sozialismus. Auch deren Autoren stellen für sie verehrungswürdige Idole dar, denen es persönliche Treue zu halten gilt.

Darin unterscheiden sich die doktrinären Linken von ihren Autorität verachtenden Vorläufern aus der APO-Zeit. Damals stellten die bei Demonstrationen mitgeführten Konterfeis von Karl Marx oder Ho Tschi Minh noch eine kokette Inkonsequenz dar, deren besonderer Reiz hauptsächlich in der provokativen Wirkung lag. In den Siebzigern ist die ironische Distanz zu den überlebensgroßen Bildnissen revolutionärer Theoretiker und Praktiker verlorengegangen. Sie sind zu Respekt fordernden Ikonen geworden.

Der Personenkult der 70er Jahre beschränkt sich nicht auf den politischen Bereich. Ebenso wie die dogmatischen Linken bekennen sich auch die Anhänger der immer zahlreicher werdenden christlichen Sekten, asiatischen Meditationsschulen und esoterischen Zirkel zu den Lehren meist älterer bärtiger Männer, denen sie bedingungslos Gefolgschaft zollen – so wie diese forciert heiteren Teilnehmer eines »Workshops«, die unter dem Porträt ihres indischen Gurus Bhagwan Rajneesh ein »magisches Wochenende« veranstalten.

FREILASSUNG
der
ANTIFASCHISTEN
durch die
DDR-Behörden
Lakaien der
owjetischen
CIAL-JMPERIA-
LISTEN

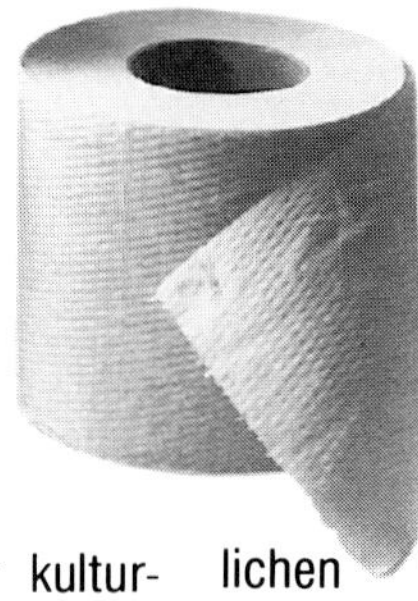

Ein direkter kulturgeschichtlicher Zusammenhang zwischen dem speziellen Zeitgefühl der 70er Jahre und den wollenen Verkleidungen für Toilettenpapier-Rollen hinter den Heckscheiben westdeutscher Pkw ist nicht offensichtlich. Fest steht aber, daß diese Hervorbringungen hausfraulicher Handarbeit Erfindungen dieses Jahrzehnts sind, in dem sie zum gängigen Bestandteil des Autozubehörs werden.

Die als einfacher Überzug, schmuckes Hütchen, spanische Flamenco-Tänzerin oder wie hier als Biedermeier-Dame gestalteten Häkelarbeiten samt ihrem praktischen Inhalt verleihen dem Bundesbürger der Siebziger Sicherheit und Selbstvertrauen. Denn in ständiger Sorge um seinen schwer erworbenen Wohlstand ist er zwar gegen alle nur erdenklichen Wechselfälle des Lebens ausreichend versichert. Dem Risiko eines während einer langen Autofahrt unerwartet auftreten den Dranges zu spontaner Darmentleerung wäre er aber ohne mitgeführtes Papier für die anschließende Körperreinigung unvorbereitet ausgeliefert.

Die Reise-Hygienerolle wird ihrer intimen Funktion wegen unter dem schmückenden Überzug diskret versteckt. Dennoch ist sie stolzer Ausweis dafür, für eine elementare Lebenssituation vorausplanend Vorsorge getroffen zu haben. Dieser Bedeutung gemäß, wird das Klopapier unter seiner die anale Seite des Alltags kultivierenden Verkleidung hinter dem Autorückfenster selbstbewußt aller Welt präsentiert und als sichtbarer Beweis bürgerlicher Lebenstüchtigkeit im Triumph durch das Land gefahren.

Bundespräsident Gustav Heinemann war in den 50er Jahren ein streitbarer Kämpfer gegen die Wiederaufrüstung der Bundesrepublik. Auf die Frage nach seiner Vaterlandsliebe gibt der Präsident die historische Antwort: »Ich liebe meine Frau.«

Auch bei der Bonner Diplomatenjagd im Staatsforst von Vluynbusch gibt er sich als ziviler Bürger. Im Kontrast zum Bemühen der übrigen Jagdteilnehmer um möglichst weidmännische Kleidung mit Gamsbart, grünem Loden oder Schrotpatronengurt, tritt der Gastgeber des alljährlichen Totschießens von Hase und Reh in weißem Hemd, mit Spazierstock und Popelinemantel, betont leger auf.

Gleichzeitig beginnt der Staat, den Heinemann repräsentiert, mit der Wiederbelebung schneidiger soldatischer Rituale. Ende der Siebziger wagt die bis dahin um ein möglichst unmilitärisches Image bemühte Bundesrepublik mit überall im Lande abgehaltenen »öffentlichen Rekruten-Gelöbnissen« erstmals die spektakuläre Selbstdarstellung ihrer Militärmacht. In nächtlichen Open-Air-Veranstaltungen werden die Rekruten mit »Großem Zapfenstreich« bei Trommelwirbel und Fackelschein vor aller Augen auf die Verfassung eingeschworen.

UNSERE BUNDESWEHR

Der Gegensatz zwischen konservativ und progressiv verwischt sich im Wohnzimmer: Die bürgerliche Einrichtung wird modernisiert – variable, mit Flokati-Teppichen ausgestattete »Wohnlandschaften« treten anstelle von herkömmlichen Sitzgarnituren. Genau diese ausgemusterten Einrichtungsgegenstände entsprechen nun jedoch dem Geschmack eines sich als fortschrittlich verstehenden Milieus. Die Altbauwohnungen von Wohngemeinschaften werden jetzt mit Mobiliar der Großväter-Generation bestückt: mit putzigen Spitzendekken, gedrechselten Stühlen und biederen Wohnzimmertischen aus der Kaiserzeit.

3. April 1976

21.00 Grand Prix Eurovision 1976

Europäischer Schlagerwettbewerb aus Den Haag

Achtzehn Nationen nehmen teil. Auch Israel! Für Deutschland steht vor den Mikrofonen: die Humphries Singers („Sing, Sang, Song").

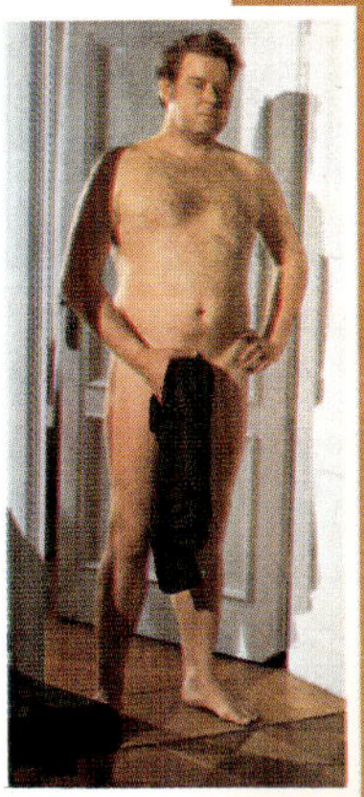

Noch sensationeller! Noch freier! Noch verblüffender!
Schulmädchen-Report
4. Teil
Was Eltern oft verzweifeln läßt
Der neue Film der berühmten Serie nach dem gleichnamigen Buch von Günther Hunold, erschienen im Kindler-Verlag
Mitwirkende: Viele nicht genannte Jugendliche und ihre Erziehungsberechtigten
Regie: Ernst Hofbauer
Buch: Günther Heller
Musik: Gert Wilden
Bild: Klaus Werner
Herstellungsleitung: Ludwig Spitaler
Produzent: Wolf C. Hartwig
Ein Farbfilm der Rapid-Film GmbH, München
Constantin-Film

Sehr geehrter Herr Theaterleiter!

Sie wissen es: diesen Film gäbe es sicher nicht, wenn seine drei Vorgänger nicht so sensationell erfolgreich gewesen wären: Weit über 15 Millionen Besucher, dreimal die „Goldene Leinwand" — das spricht für sich und dafür, die größte Erfolgsserie der letzten Jahre fortzusetzen mit

Schulmädchen-Report 4. Teil

Was Eltern oft verzweifeln läßt

Waren die bisherigen Enthüllungen über das Sexualverhalten junger Mädchen schon erstaunlich und verblüffend, so übertreffen die — wiederum authentischen — Fälle, die das bewährte „Report"-Team nach gleicher Konzeption und wieder auf der Grundlage des bekannten Buches von Dozent Günther Hunold diesmal zeigt, tatsächlich alles bisher Dagewesene. Dabei wurde selbstverständlich darauf geachtet, daß Informations- und Unterhaltungswerte so gegeneinander ausgewogen sind, daß Ihr Publikum in jeder Hinsicht zufriedengestellt sein wird.

Zum Inhalt:

Bekannt ist der Zeitungsbericht über jenen Vertreter, der sich als Schularzt getarnt, die Autoritätsgläubigkeit einer 17jährigen zunutze machte, die allein zu Hause war — und auch prompt darauf hereinfiel. Sie wurde nicht untersucht, sondern vergewaltigt.
Angelika, clevere Unterprimanerin, von ihren strengen Eltern aber absolut autoritär erzogen, macht sich diese Zeitungsnotiz zunutze. Ihre Eltern werden nach demselben Muster überlistet. Nur ist es diesmal kein zwielichtiger Vertreter, sondern Angelikas Freund Rolf, der an der Haustür klingelt, um auf diese, auch heute noch etwas ungewöhnliche Weise eine ungestörte Liebesstunde mit Angelika verbringen zu können. Die Eltern sitzen währenddessen vor der Mattscheibe, um einer Fußballübertragung zuzuschauen. Sie schöpfen keinen Verdacht. Wozu auch? Ein Arzt ist schließlich ein Halbgott in Weiß, dessen Anordnungen man unbedingt folgen muß ...

Carolin, ein bildhübsches farbiges Besatzungskind, ist ein Außenseiter in ihrer gemischten Schulklasse. Während die Mädchen vom Sexualneid befallen sind und sie deshalb meiden, bedrängen die Jungens Carolin unausgesetzt. Nur Hans steht in selbstloser Freundschaft zu ihr. Da beschließen die Mädchen, Carolin ein für allemal „fertig zu machen", indem sie sie zu einer Party einladen. Carolin ist begeistert, daß sich auch ihre Mitschülerinnen endlich zu einer Anerkennung durchringen und sie in ihre Kreise ziehen. Doch das ist nur eine widerliche Intrige, die Carolin demütigen und der Sexualgier einiger mieser Mitschüler ausliefern soll. Zum Glück taucht, wenn auch verspätet, Hans auf dieser Party auf und kann Carolin befreien. Während die Mädchen ihrer Klasse beschämt erkennen, daß sie zu weit gegangen sind, sehen Carolin und Hans ein, daß für eine Liebe zwischen Schwarz und Weiß auch heute noch, selbst in unserer toleranten Gesellschaft, kaum Platz ist.

Mit unseren Vorschlägen hoffen wir, Ihnen auch diesmal die besten Anregungen für Ihre Hauswerbung gegeben zu haben.

Viel Erfolg!
Ihr

Constantin-Film

Verführerisch hat die kesse Schülerin ihr kurzes Röckchen nach oben geschoben. Die Wirkung auf den reifen, graumelierten Lehrer wird nicht ausbleiben – und die Erwartung des Kinopublikums wenige Filmsequenzen später erfüllt werden. Die Aufklärungskampagnen der 60er Jahre trivialisierend, inszenieren die zahlreichen Erotikfilme die Annäherung der Geschlechter als einen zumeist komischen, absolut unkompliziert naiven Vorgang, der nach einigen spaßigen Zwischenfällen sein Finale als heitere Leibesübung im rhythmisch knarrenden Bett findet.

HB ist mild und schmeckt

Eine Filtercigarette muß schmecken.
Und sie muß mild sein.
Diesen ausgewogenen Genuß bietet HB.
So wurde sie zur beliebtesten und
meistgerauchten Filtercigarette.

HB ist mild und schmeckt

Eine Filtercigarette muß schmecken.
Und sie muß mild sein.
Diesen ausgewogenen Genuß bietet HB.
So wurde sie zur beliebtesten und
meistgerauchten Filtercigarette.

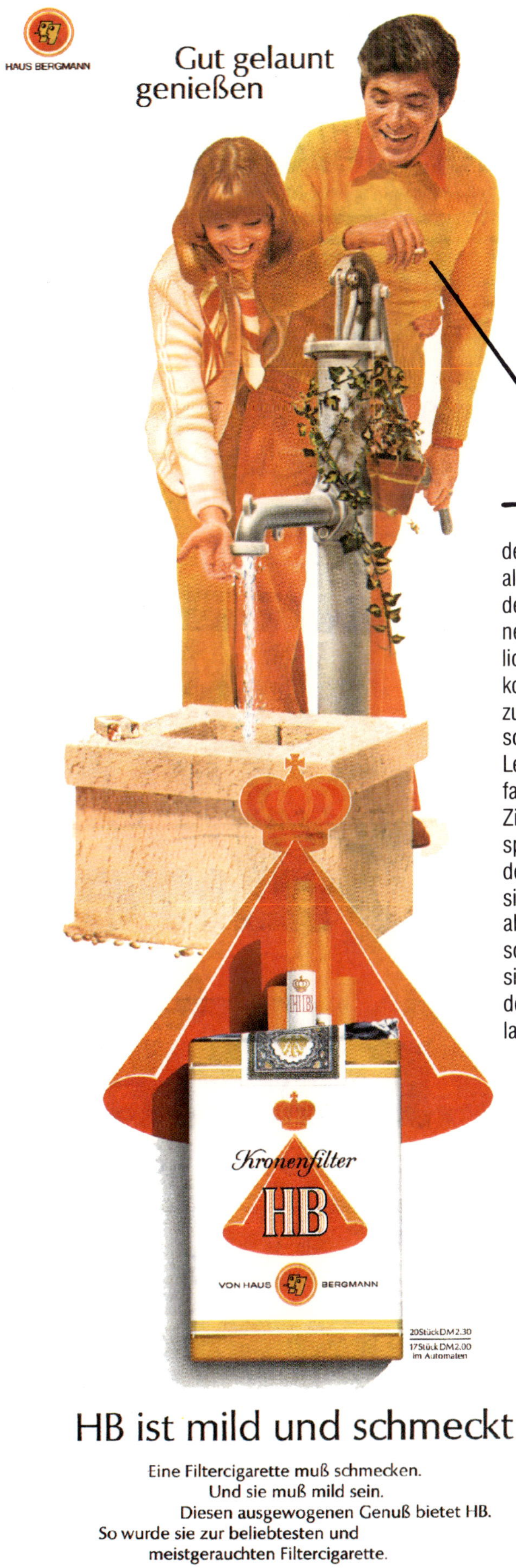

Das Rauchen gilt in den Siebzigern nicht als gefährlich, sondern als dem allgemeinen Bemühen förderlich, sich von überkommenen Zwängen zu befreien, um so die schönen Seiten des Lebens intensiver erfahren zu können. Die Zigarettenreklame spiegelt diesen Geist der Zeit wider, wenn sie heitere Optimisten abbildet, die jede noch so belanglose Alltagssituation mit glimmender Zigarette »gut gelaunt genießen«.

24 14 95
26 19 95
28 4 95
15 35 50
13 33 50
17 20 50
12 26 50
14 28 50
16 20 50
19 23 50

Die »Aktion Fröhliche Küche« gerät außer Kontrolle. Wie eine verspätete bürgerliche Huldigung an die Flower-Power-Bewegung wirkt die allgemeine Begeisterung für Blumenmuster. Vorhangstoffe und Kleider, Tisch- und Handtücher, aber auch Kühltaschen, Töpfe und Tassen und alle nur erdenklichen Haushaltswaren sind mit geometrisierten Blüten verziert.

Das Grundmuster dieses beliebten Dekors stellt die aus einem zentralen Kreis und regelmäßig darum herum angeordneten Halbkreisen bestehende »Pril-Blume« dar, die der Käufer von der Rückseite der blauen Flasche eines Geschirrspülmittels ablösen kann, um sie für die zeitgemäße Ausschmückung seiner Wohnwelt zu verwenden. Hier beleben die selbstklebenden bunten Plastikblüten nicht nur die gekachelte Umgebung der Spülen in den westdeutschen Küchen. Kinder und Erwachsene bekleben damit auch Möbelstücke und alle Einrichtungsgegenstände, die die Einheitsverzierung der Siebziger noch nicht aufweisen.

1973 werden von der Textilindustrie erstmals mehr Damenhosen als Röcke verkauft. Die Hosenbeine sind unten glockig weit ausgestellt, im Schritt dagegen unbequem beengend – ein Problem für den natürlich gewachsenen Frauentypus, der auch weiterhin den in allen Größen lieferbaren herkömmlichen Damenrock bevorzugt.

Ju mo Größe 52
Ju mo Größe 50
Größe 48
Ju mo Größe 46
Größe 44
Ju mo Größe 42
Größe 40
Größe 38

Frau, 25 J., z.Zt. berufstätig, sucht
Platz in lieber WG, möglichst bald.
WG-Erfahrung ist vorhanden.
Conny Tel.: 06441-44355
(da das ein Ferngespräch ist, bin ich
natürlich bereit bei Anruf zurückzu
rufen)

Im Jahrzehnt der allgemeinen Reformeuphorie wird auch die traditionelle Kleinfamilie in Frage gestellt. Neue Lebensformen werden erprobt. Die frühen Kommunarden der Achtundsechziger-Zeit sind die Vorbilder für zahlreiche, oft nicht mehr ganz so junge Leute, die dem Studentendasein bereits entwachsen und ins Berufsleben eingebunden sind.

Sie schließen sich zu Wohngemeinschaften zusammen, in denen viele herkömmliche Regeln des Zusammenlebens keine Geltung mehr haben. Kinder sollen zum Beispiel nicht mehr ausschließlich auf ihre Eltern fixiert und die gewohnten Rollen und Aufgabenverteilungen zwischen Männern und Frauen aufgehoben werden.

Die unkonventionelle Einrichtung mit eingebauten Hochbetten oder am Fußboden liegenden Matratzen sowie der betonte Verzicht auf äußerliche Ordnung steht zu den oftmals großbürgerlichen Gründerzeitwohnungen in einem Kontrast, der prägend ist für das Erscheinungsbild dieses Teils der Lebenswelt der Siebziger.

Buback:

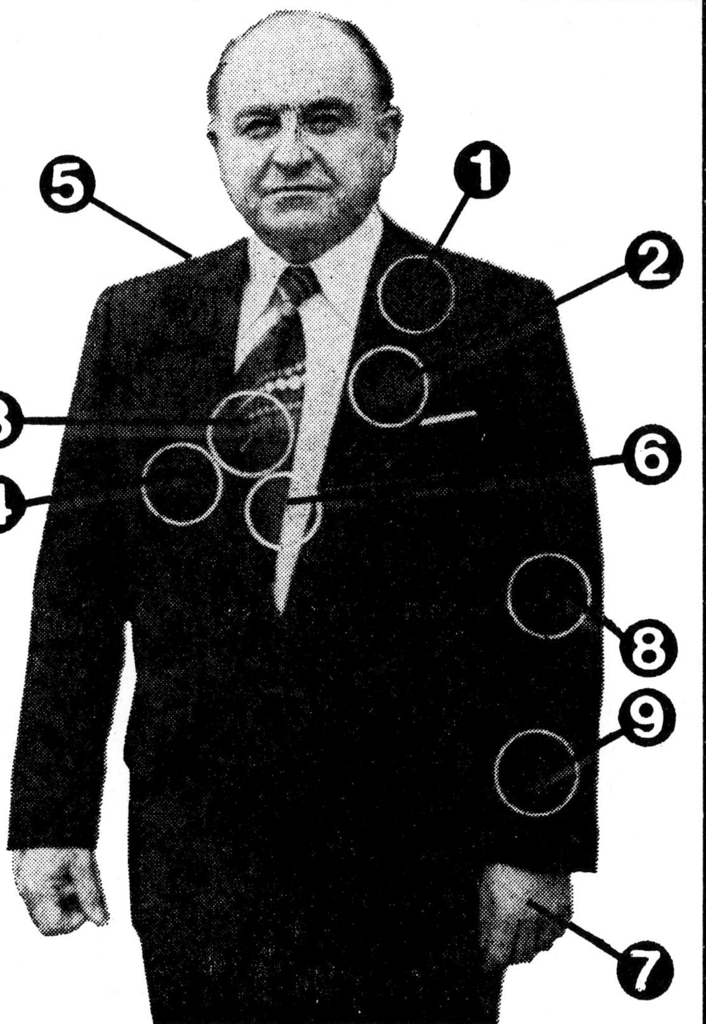

Buback – wo ihn die 9 Kugeln trafen

Eine Maschinenpistolensalve tötete Generalbundesanwalt Buback. Neun Einschüsse zählten die Ärzte:

1 Linkes Schlüsselbein, Projektil blieb stecken.

2 Linke vordere Brustseite zwischen erster und zweiter Rippe. Das Projektil zerplatzte in tausend kleine Splitter, vermutlich wurde dabei das Herz zerrissen.

3 Brustbein. Es konnte nicht mehr festgestellt werden, wo die Kugel geblieben ist.

4 Rechte Brustseite zwischen dem dritten und dem fünften Brustwirbel. Das Geschoß blieb stecken.

5 Rechtes Schulterblatt, ein Steckschuß.

6 Wirbelsäule und Brustwirbel wurden getroffen und zersplitterten.

7 Steckschuß in der linken Hand.

8 9 Durchschüsse im Abstand von 20 Zentimetern im linken Unterarm.

Vermutlich ist Siegfried Buback von zwei weiteren Kugeln getroffen worden. Diese Einschüsse konnten wir nicht mehr genau feststellen", sagt ein Gerichtsmediziner.

Pon

kame

Es war sein Patenkind

Der Todeslauf der RAF kulminiert 1977: Im April wird der für die Terrorismus-Bekämpfung zuständige Generalbundesanwalt Siegfried Buback erschossen, im Juli Jürgen Ponto, Vorstandsvorsitzender der Dresdner Bank. Hanns Martin Schleyer, Präsident der Bundesvereinigung Deutscher Arbeitgeberverbände, wird im Oktober ermordet. In der RAF-Sympathisantenszene, und nicht nur dort, macht ein auch auf Häuserwände gesprühter Spruch die Runde, der auf den bayerischen CSU-Ministerpräsidenten Franz Josef Strauß gemünzt ist.

im

Durch

to: Seine Mörder
n mit roten Rosen

- Vier Kugeln von hinten
- Verbindung zu Buback
- Entführung geplant

Buback, Ponto, Schleyer,
der nächste ist ein Bayer.!

Schleyer tot
Kofferraum

Genickschuß ermordet

Einer wie alle: Franz Beckenbauer, Kapitän der westdeutschen Fußballweltmeister von 1974, füllt den Raum zwischen seinen bis zu den Schulterkanten reichenden breiten Jacketrevers im Stil der Zeit mit Textilien im Paisley-Design, die es auch im Dreierpack gibt. Als »SOS-Paket« werden »Socken, Oberhemd, Schlips« in für alle drei Bekleidungsstücke identischen lebhaften Mustern und schrillen Farben angeboten. Das psychedelisch-chromosomenhafte Dekor setzt sich unter der Oberbekleidung konsequent bis in die Leibwäsche fort.

Gummistiefel als neues Demonstrations-Utensil: Ende des Jahrzehnts tritt die Umweltpolitik stärker ins Bewußtsein der Öffentlichkeit und wird zum Gegenstand politischer Auseinandersetzung. Dabei konzentriert sich die erbitterte Ablehnung der als naturzerstörerisch und menschengefährdend empfundenen Technologien vor allem auf die Nutzung der Kernenergie für die Stromerzeugung. Atomkraftwerke werden so sehr zum Inbegriff drohender Gefahren, daß die Existenz des nuklearen Waffen-

potentials der beiden großen Militärbündnisse Nato und Warschauer Pakt vorübergehend aus dem Gedächtnis der Bevölkerung verdrängt wird. Um gegen den Bau des Kernkraftwerks im ländlichen Brokdorf zu protestieren, formiert sich im Februar 1977 beim Bauplatz ein Demonstrationszug. Ein seit den späten 60er Jahren geläufiger Vorgang, der sich nun aber in völlig ungewohnter Umgebung abspielt. Schauplatz des Protests sind nicht mehr der Campus einer Universität oder städtische Straßen, sondern das freie Feld. Dieser Örtlichkeit und den neuen Einsatzmitteln der Polizei entspricht die Ausrüstung der Demonstranten mit geländegängiger Fußbekleidung.

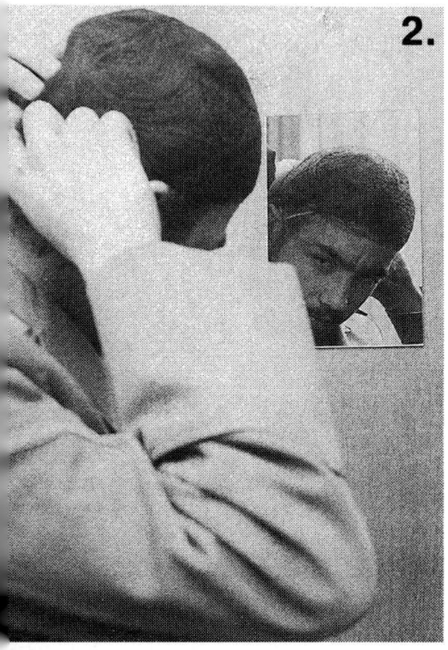

Nicht nur im zivilen Leben sorgen die langen Haare für Unruhe. Sie werden sogar zu einem Problem der Landesverteidigung. Wie mit langhaarigen Rekruten zu verfahren sei, hält eine Jahre währende Auseinandersetzung in Gang: Beschädigen lange Haare das militärische Erscheinungsbild und schwächen sie die Verteidigungsbereitschaft? Oder sind sie ein nicht zu beschneidender Teil der individuellen Persönlichkeit und dürfen deshalb nach holländischem Vorbild im Dienst mit einem Haarnetz zusammengefaßt unterm Helm getragen werden?

Die Diskussion wird 1972 vom Bundesverteidigungsministerium durch den »Erlaß zur Haar- und Barttracht der Soldaten« entschieden. Diese als »Haarerlaß« berühmt gewordene Verfügung, nach der strenge Regeln für den soldatisch korrekten Haarschnitt eingeführt werden, wird schnell zum beliebten Thema für Kabarett und Satire.

Auf ironische Weise protestieren auch Soldaten eines Ulmer Regiments gegen die ministerielle Verordnung, indem sie ihr noch konsequenter als befohlen Folge leisten und sich die Köpfe demonstrativ kahl rasieren.

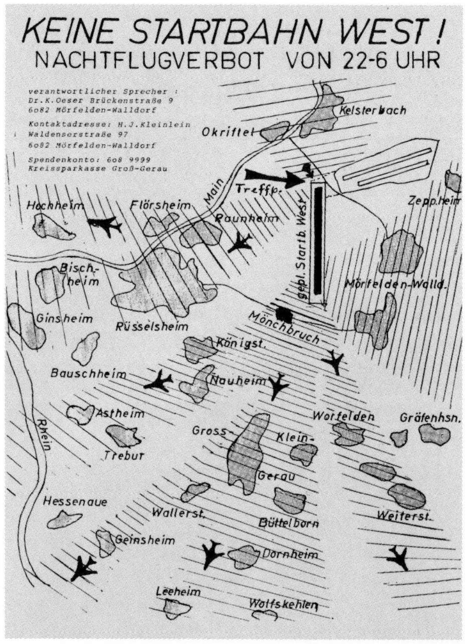

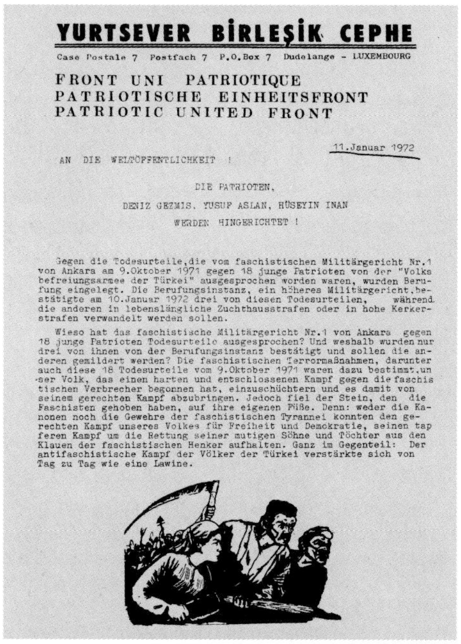
YURTSEVER BİRLEŞİK CEPHE

Case Postale 7 Postfach 7 P.O.Box 7 Dudelange - LUXEMBOURG

FRONT UNI PATRIOTIQUE
PATRIOTISCHE EINHEITSFRONT
PATRIOTIC UNITED FRONT

11.Januar 1972

AN DIE WELTÖFFENTLICHKEIT !

DIE PATRIOTEN,
DENIZ GEZMIS, YUSUF ASLAN, HÜSEYIN INAN
WERDEN HINGERICHTET !

Gegen die Todesurteile,die vom faschistischen Militärgericht Nr.1 von Ankara am 9.Oktober 1971 gegen 18 junge Patrioten von der "Volksbefreiungsarmee der Türkei" ausgesprochen worden waren, wurden Berufung eingelegt. Die Berufungsinstanz, ein höheres Militärgericht,bestätigte am 10.Januar 1972 drei von diesen Todesurteilen, während die anderen in lebenslängliche Zuchthausstrafen oder in hohe Kerkerstrafen verwandelt werden sollen.

Wieso hat das faschistische Militärgericht Nr.1 von Ankara gegen 18 junge Patrioten Todesurteile ausgesprochen? Und weshalb wurden nur drei von ihnen von der Berufungsinstanz bestätigt und sollen die anderen gemildert werden? Die faschistischen Terrormaßnahmen, darunter auch diese 18 Todesurteile vom 9.Oktober 1971 waren dazu bestimmt,unser Volk, das einen harten und entschlossenen Kampf gegen die faschistischen Verbrecher begonnen hat, einzuschüchtern und es damit von seinem gerechten Kampf abzubringen. Jedoch fiel der Stein, den die Faschisten gehoben haben, auf ihre eigenen Füße. Denn: weder die Kanonen noch die Gewehre der faschistischen Tyrannei konnten den gerechten Kampf unseres Volkes für Freiheit und Demokratie, seinen tapferen Kampf um die Rettung seiner mutigen Söhne und Töchter aus den Klauen der faschistischen Henker aufhalten. Ganz im Gegenteil: Der antifaschistische Kampf der Völker der Türkei verstärkte sich von Tag zu Tag wie eine Lawine.

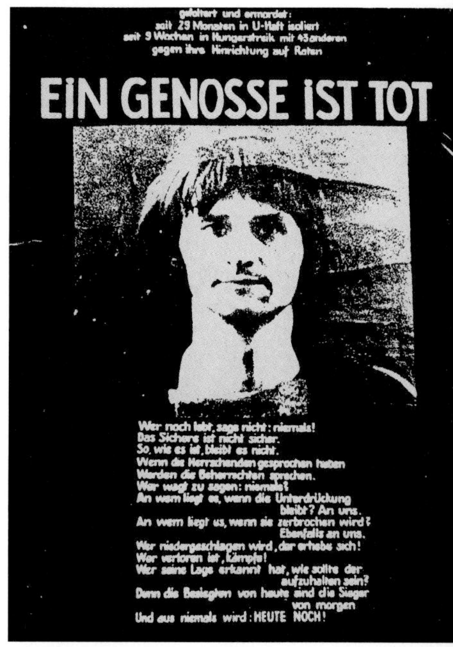

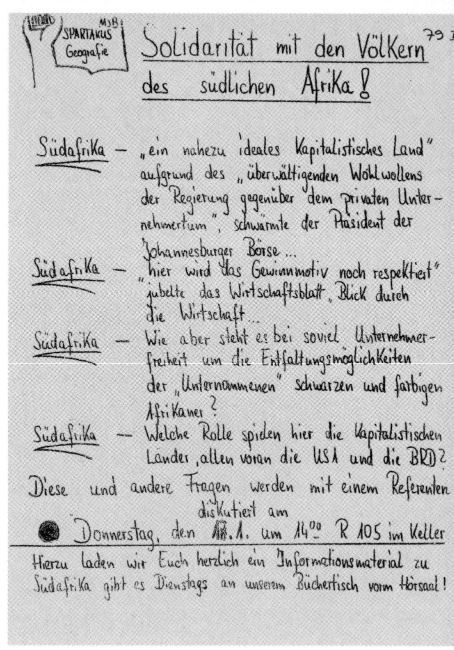

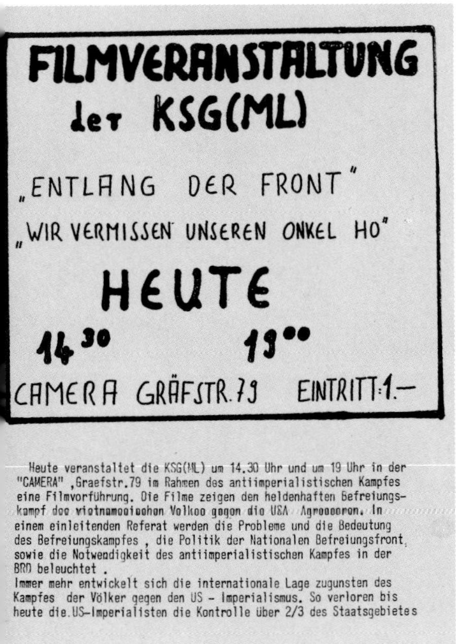

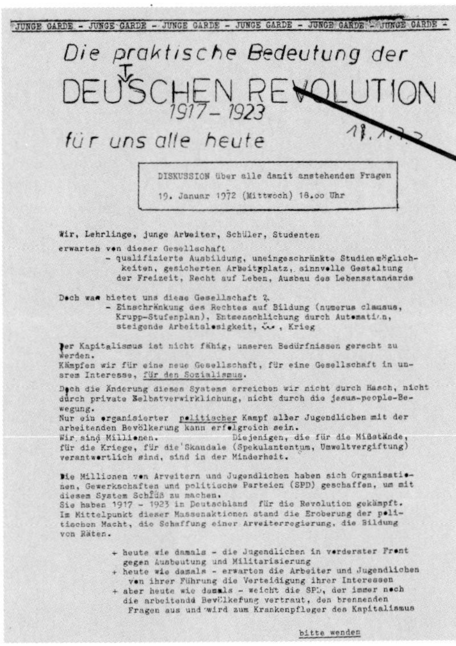
JUNGE GARDE - JUNGE GARDE - JUNGE GARDE - JUNGE GARDE - JUNGE GARDE - JUNGE GARDE -

Die praktische Bedeutung der DEUTSCHEN REVOLUTION 1917 – 1923 für uns alle heute

DISKUSSION über alle damit anstehenden Fragen
19. Januar 1972 (Mittwoch) 18.00 Uhr

Wir, Lehrlinge, junge Arbeiter, Schüler, Studenten
erwarten von dieser Gesellschaft
- qualifizierte Ausbildung, uneingeschränkte Studienmöglichkeiten, gesicherten Arbeitsplatz, sinnvolle Gestaltung der Freizeit, Recht auf Leben, Ausbau des Lebensstandards

Doch was bietet uns diese Gesellschaft ?
- Einschränkung des Rechtes auf Bildung (numerus clausus, Krupp-Stufenplan), Entmenschlichung durch Automation, steigende Arbeitslosigkeit, [illegible], Krieg

Der Kapitalismus ist nicht fähig, unseren Bedürfnissen gerecht zu werden.
Kämpfen wir für eine neue Gesellschaft, für eine Gesellschaft in unsrem Interesse, für den Sozialismus.

Doch die Änderung dieses Systems erreichen wir nicht durch Hasch, nicht durch private Selbstverwirklichung, nicht durch die jesus-people-Bewegung.
Nur ein organisierter politischer Kampf aller Jugendlichen mit der arbeitenden Bevölkerung kann erfolgreich sein.
Wir sind Millionen. Diejenigen, die für die Mißstände, für die Kriege, für die Skandale (Spekulantentum, Umweltvergiftung) verantwortlich sind, sind in der Minderheit.

Die Millionen von Arbeitern und Jugendlichen haben sich Organisationen, Gewerkschaften und politische Parteien (SPD) geschaffen, um mit diesem System Schluß zu machen.
Sie haben 1917 - 1923 in Deutschland für die Revolution gekämpft.
Im Mittelpunkt dieser Massenaktionen stand die Eroberung der politischen Macht, die Schaffung einer Arbeiterregierung, die Bildung von Räten.

+ heute wie damals - die Jugendlichen in vorderster Front gegen Ausbeutung und Militarisierung
+ heute wie damals - erwarten die Arbeiter und Jugendlichen von ihrer Führung die Verteidigung ihrer Interessen
+ aber heute wie damals - weicht die SPD, der immer noch die arbeitende Bevölkerung vertraut, den brennenden Fragen aus und wird zum Krankenpfleger des Kapitalismus

bitte wenden

Mit der Selbstauflösung des Sozialistischen Deutschen Studentenbundes (SDS) im Frühjahr 1970 war die antiautoritär geprägte Rebellion der Studenten und der außerparlamentarischen Opposition (APO) beendet. Damit ist auch der Glaube der 60er Jahre geschwunden, daß die verschiedensten politischen Einzelinteressen unter dem Dach einer einheitlichen Bewegung durchzusetzen sind.

An den Universitäten bildet sich nun eine Vielzahl linksgerichteter Gruppen und Zellen. Außerhalb der Hochschulen gründen sich mehrere kleine, aber sehr aktive kommunistische Gruppierungen, die sogenannten K-Gruppen. Gleichzeitig entstehen in den 70er Jahren unzählige Bürgerinitiativen, Frauen-, Männer-, Schwulen-, Öko-, Friedens- und andere Bewegungen, die jeweils unabhängig voneinander ihren eigenen Kampf führen. Sie alle stehen vor der Notwendigkeit, durch Handzettel, Wandzeitungen und Plakate eine möglichst große Öffentlichkeit zu erreichen. Neben dem herkömmlichen Verfahren, Flugblätter mit Hilfe von Wachsmatrizen zu vervielfältigen, steht ihnen nun die neu aufkommende Drucktechnik des »Schnelloffset« zur Verfügung.

Diese Methode ermöglicht es, schnell, einfach und preiswert hohe Auflagen herzustellen. Langatmige theoretische Texte, vor allem aber aktuelle Informationen über am gleichen Tage erfolgte Verhaftungen, Räumungen von besetzten Wohnhäusern und Universitätsinstituten oder andere polizeiliche Maßnahmen können auf diese Weise rasch unter die Leute gebracht werden. Die kurze Produktionszeit der Drucke und ihre sofortige Verteilung auf der Straße erleichtert es, auf derartige Vorfälle unmittelbar mit Demonstrationen zu reagieren.

Durch die unter ständigem Zeitdruck stehende Produktion der maschinen- und handgeschriebenen Vorlagen, in die unter Verwendung von Klebe- und Durchreibebuchstaben hergestellte Schlagzeilen eingeklebt werden, bildet sich eine spezielle Ästhetik anarchischer Spontanität heraus, die nichts mehr verachtet als Professionalität und handwerkliche Exaktheit. Es entsteht eine Kultur der Gegenöffentlichkeit mit unverwechselbar eigenem Gesicht.

Die seit Beginn des westdeutschen Wiederaufbaus anhaltende Autobegeisterung läßt auch in den 70er Jahren nicht nach. Weiterhin werden zum Beispiel Schneisen durch intakte Stadtkerne geschlagen, um Platz für Autostraßen zu schaffen. Aber neben der »autogerechten Stadt« wird nun auch die »fußgängerfreundliche City« zum urbanistischen Ideal der Stadtplaner.

So entstehen allerorten innerstädtische Reservate für Fußgänger, für die sich rasch die Bezeichnung »Fußgängerzone« einbürgert. Sie werden zunächst vom Einzelhandel heftig abgelehnt, erweisen sich aber bald als ausgesprochen verkaufsfördernd und entwickeln sich schnell zu allgemein akzeptierten Freilichtbühnen für das immer heftiger werdende Konsumgeschehen einer scheinbar ständig weiter prosperierenden Gesellschaft.

Das Fernsehen entwickelt sich zur ernsten Konkurrenz für das Kino. Die Kinobesitzer reagieren, indem sie ihre großen Filmtheater in mehrere kleine Studiokinos aufteilen, um so verschiedene Filme gleichzeitig ins Programm nehmen zu können.

Mit der Umgestaltung der Städte beginnt auch deren »Möblierung«. Eine der frühesten Hervorbringungen des »urban design« sind die überall gleichen Kugellampen.

Eine gleichzeitig mit den Fußgängerzonen aufkommende Institution westdeutscher Innenstädte: der Kaffee-Stehausschank.

Vor die nüchterne Nachkriegsfassade gebaute verglaste Pavillons sollen die für den Verkauf hinderliche Trennung von Straßen- und Verkaufsraum aufheben. Indem sie dem vorbeiflanierenden Publikum den Kontakt zu den angebotenen Waren auch ohne vorher gefaßte Kaufabsicht erleichtern, stellen sie frühe Vorläufer der späteren überdachten Ladengalerien dar.

Durch rasch wechselnde Moden noch weitgehend unbeeinflußt ist das Erscheinungsbild der Kinder in den frühen 70er Jahren. Mädchen und Jungen tragen noch immer die herkömmliche, durch Jahrzehnte unveränderte, der Trachtenmode entlehnte Kinderkleidung: dirndlähnliche Röcke und Blusen, Kniestrümpfe, karierte Hemden und die deutsche Lederhose mit Hosenträgern. Kurze Zeit später wird die Textilindustrie diese Reste völkischer Biederkeit durch schrille Kreationen radikal verdrängen und ein Modebewußtsein auch bei Kindern schaffen .

Seite 4 • BILD am SONNTAG, 22. Januar 1978

KOLUMNE

Heute ist Sonntag

Von PETER BACHÉR

Langhaarige zerbrechen manches Denk-Klischee

Nun wollen wir das heiße Thema beim Schopf packen. Und wir wollen es kurz machen, auch wenn es um die Langhaarigen geht.

Denn natürlich könnte man die Sache mit den Langhaarigen in die Länge ziehen. Man könnte daran erinnern, daß diese Haartracht (wieder einmal) auftauchte, als es modern wurde, gegen alles und jedes zu protestieren.

Der Bürger, der verschreckte, witterte, nicht ganz zu Unrecht, Gefahren. Die Haare wuchsen ja nicht, weil Friseure arbeitslos werden sollten, sondern sie wuchsen aus Protest: Gegen die Zeit, gegen Norm und Leistungsdruck, gegen „die Gesellschaft". Die große Verweigerung, vorgeführt am Haar! Das NEIN lief sozusagen hunderttausendfach auf unseren Straßen herum.

Das Geheimnis des modischen NEW-LOOK — schließlich zeigten schon die alten Germanen ihre Freiheitsgefühle mit wallendem Haar — war der Uniform-Charakter der Haartracht, mit der man sich gegenseitig signalisierte: Auch ich bin draußen, bin „ausgestiegen".

Nun gab es, wie bei jeder Mode, auch hier ein paar Schönheitsfehler. Einige stiegen nicht nur aus, sie flippten aus. Daß manche Blumenkinder nicht mehr den Weg zur Drogerie fanden, wo es doch so vorzügliche Shampoos zu kaufen gibt, war ein weiterer Fehler. Und daß schließlich auch die Blumen ausblieben im Haar, machte das Bild nicht erfreulicher. Am meisten aber erschreckten die grimmigen Gesichter, soweit man sie noch erkennen konnte.

Doch inzwischen hat sich eine große Verwandlung vollzogen. Ich meine weniger, daß die Haare, die langen, wieder kürzer wurden, nicht ganz kurz, ein bißchen nur. Ich meine vielmehr die Veränderung nicht auf den Köpfen, sondern i n den Köpfen.

Denn überall sehen wir Erfreuliches: Langhaarige tauchen in den Kliniken auf, helfen intensiver als manche andere. Langhaarige drängen in die sozialen Berufe, mehr als je zuvor. In Berlin wurde jetzt ein Langhaariger gesichtet, der aus dem Grunewaldsee einen Terrier herausholte, unter Lebensgefahr! Der Hund war auf dünnem Eis eingebrochen, der 23jährige setzte sein Leben ein, versuchte zum Tier zu gelangen, brach selber ein und konnte nur mit einer Leiter gerettet werden.

Ein Blitzlicht nur, diese kleine Szene inmitten der wieder helleren Szene in unserem Land: Die Langhaarigen zerbrechen manches Denk-Klischee. Die Jugend, die es schwerer hat, seit man ihr in den letzten Jahren mit gigantischen Reformversprechungen den Mund wäßrig gemacht hat, verwirrt natürlich immer noch mit ihrem burschikosen Selbstverständnis die Erwachsenen. Aber kommt es einmal wirklich darauf an — sind Kranke zu pflegen, Brände zu löschen, ist Leben zu retten—, dann sind eben auch die Langhaarigen da.

Vielleicht sollte man nur noch nachdenklich werden, daß wir all dies sozusagen überrascht registrieren. Aber irgendwann müssen die Vorurteile weg: Wir müssen lernen, an langen Haaren, Bärten, Jeans, an Pop und Rock und Punk vorbei direkt zum Kern der jungen Menschen vorzudringen. Und dort finden wir — zumeist — einen selten erlebten Hunger nach: Sinnerfüllung!

Gibson

OPEL
GG-DM 584

Im Zuge der Um- und Ausgestaltung des »öffentlichen Raums« von Groß- und Provinzstädten und selbst kleiner Dörfer werden Straßen und Gehwege nicht nur mit neuen Belägen versehen, die mehr und mehr zu wahren Pflaster-Mosaiken ausgestaltet werden oder das Aussehen orientalischer Teppichmusterungen annehmen.

Auf Kosten der durch klargefaßte Fassadenwände und entsprechende Bordsteinkanten bestimmten Struktur wird aus verkehrstechnischen Gründen auch der gesamte Straßengrundriß verändert. Überall entstehen mit dem gewachsenen Straßenbild nicht mehr in Einklang stehende Nasen und Beulen, die durch unterschiedlichste Pflanzentröge verziert werden.

Um die Straßenbahnen abzuschaffen und so mehr Platz für den Autoverkehr zu gewinnen, beginnen in den Siebzigern etliche deutsche Großstädte mit dem Milliarden verschlingenden Bau von U-Bahn-Strecken. Auch die Fußgänger werden unter die Erde verbannt. Unter zentralen Kreuzungen und vor Bahnhöfen entstehen aufwendige Unterführungen und unterirdische Areale mit Ladengeschäften und Gaststätten.

Die noch allgemein »Gastarbeiter« genannten Ausländer werden noch längst nicht als politisches Problem verstanden. Sie gehören nicht nur in den großen Städten bereits zum gewohnten Straßenbild.

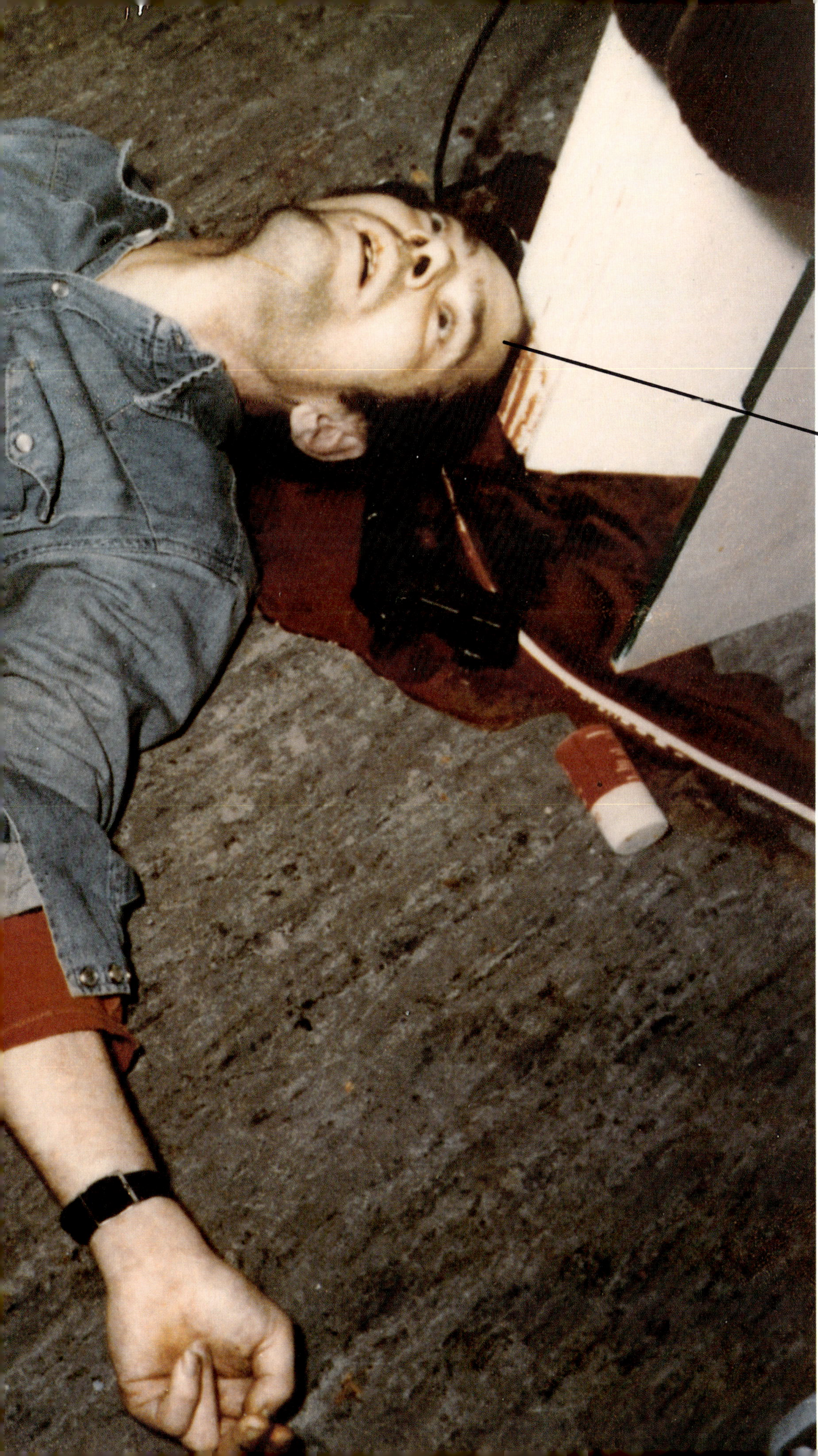

Dienstag morgen, 18. Oktober 1977: Der 34 Jahre alte Andreas Baader, Mitbegründer und Chef der »Roten Armee-Fraktion« (RAF), wird mit einem Genickschuß tot in seiner Zelle im Hochsicherheitsgefängnis von Stuttgart-Stammheim aufgefunden; seine Mitgefangene Gudrun Ensslin ist ebenfalls tot, Jan Carl Raspe tödlich verletzt.

Seit 44 Tagen ist der wenig später ermordete Arbeitgeberpräsident Hanns Martin Schleyer von einem RAF-Kommando entführt. Seit fünf Tagen halten arabische Terroristen den Lufthansa-Jet »Landshut« in ihrer Gewalt. Die bundesdeutsche Spezialeinheit GSG 9 hat vor wenigen Stunden in Mogadischu drei der Hijacker erschossen und die Fluggäste befreit. Der »Deutsche Herbst« hat seinen Höhepunkt erreicht.

7
ab 17.90
Mit echter Stickerei
8
ab 12.90
Jacquard-Gewebe, Baumwolle, bügelfrei
9
ab 5.90
Baumwoll-Popeline, bügelfrei
8
12
12
7
12
13
13
Krawatte
7.90

young club

Jasmin statt Benzin! Neben der englischen und amerikanischen Popkultur und den tiefschürfenden Gesängen der Liedermacher erfreut sich auch der deutsche Schlager großer Beliebtheit. Das Duo Cindy & Bert singt zwar keine sozialkritischen, aber dennoch das zeitgemäße Bedürfnis nach Zwischenmenschlichkeit befriedigende Texte, wie in »Hallo, Herr Nachbar«: »Sonntag, Fußballplatz und volle Straßen, / Tausende Menschen, die rasen / einfach drauflos – / anstatt nach Jasmin / riecht es nach Benzin, / warum sind wir bloß / so rücksichtslos? / Hallo, Herr Nachbar, uns're Welt braucht Liebe . . .«

Das aus dem Saarland stammende Ehepaar ist mit seiner dem weltweiten Zeitgeschmack entsprechenden Bühnengarderobe sichtlich um Internationalität bemüht. Einem John-Travota-Hit aus dem amerikanischen Disco-Tanzfilm »Saturday Night Fever« unterlegen sie einen deutschen Text: »Gib mir Musik, die ich trinken kann, / bis die Welt um uns versinkt. / Gib mir Musik, zu der ich tanzen kann, / bis die Nacht das Fieber bringt.«

Einen nach allen Regeln des Zeitgeschmacks gekleidetes Paar posiert selbstbewußt inmitten seiner aufwendigen Wohnzimmereinrichtung, die in auffälligem Kontrast zum aktuellen modischen Auftreten ihrer Besitzer steht. Offensichtlich erscheint dem zu Wohlstand gekommenen Ehepaar das progressive Design der Siebziger als ungeeignet zur Darstellung seiner ökono-

mischen Möglichkeiten. Auch im neuerungsfreudigen Jahrzehnt bleibt die altdeutsche Eichenschrankwand mit ihrem funktionslosen, kunstgewerblichen Fächerinhalt ein geeignetes Ausdrucksmittel für gediegene Bürgerlichkeit.

Ein lateinamerikanischer Revolutionsheld macht posthum Karriere: Das Konterfei des toten Guerilleros Ernesto »Che« Guevara wird, auch in seiner grafischen Reduzierung, zur devotionalienhaften Metapher – als Ansteckknopf oder Poster, als Körperbemalung oder als Autoaufkleber. Selbst manchen politisierten Kleinfamilien in der Provinz dient er als Wohnzimmerschmuck. Zwischen Schwarzweißfernseher, Stores und Sitzecke gibt Che Guevara mit Zigarre bürgerlichen Räumlichkeiten einen fortschrittlichen Akzent.

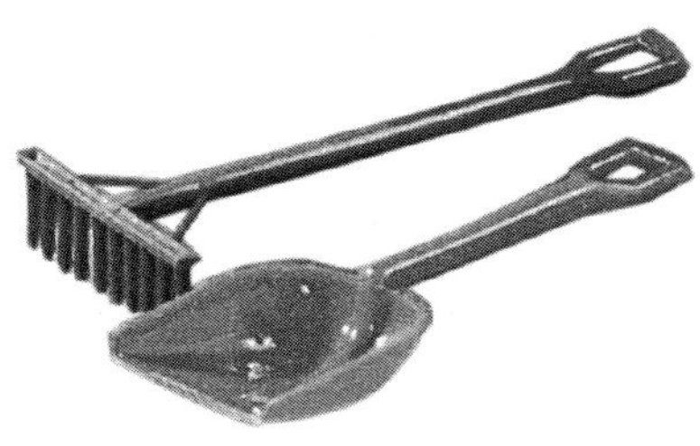

KAFFEE

Ihre Namen versprechen globale Errettung: »Deutscher Weltplanetrat«, »Föderation für den Weltfrieden«, »Weltregierung im Zeitalter der Erleuchtung«, »Weltvereinigungskirche«. Zahllose Apostel buddhistischer, christlicher, islamischer oder hinduistischer Provenienz aus möglichst peripheren Gegenden der Erde stellen den dunklen Mächten der westdeutschen Realität das gleißend helle Licht ihrer exotischen Erlösungstheorien entgegen, die sogar die Beseitigung eines so weltlichen Problems wie das der Kriminalität verheißen. Auch eine Verbesserung der allgemeinen

TM ORDNET DAS DENKEN

Gedanken sind ungeordnet, wenn kreative Intelligenz brach liegt.

Transzendentale Meditation vermittelt die Erfahrung reiner kreativer Intelligenz, die zur Ordnung der Gedanken führt.

Nach der Beendigung von TM-Übungen bleiben die Gedanken in einem geordneten System

TM-Praktiker üben nachweislich eine Ausstrahlungskraft aus, die sich zum Beispiel darin zeigt, daß in Städten, in denen zumindest ein Prozent der Bevölkerung meditiert, die Kriminalitätsrate deutlich absinkt.

Verbesserung der Lebensqualität: Rückgang der Kriminalität

Transzendentale Meditation fördert nicht nur das individuelle Wohlbefinden, sondern wirkt auch positiv auf die soziale Umwelt ein: In einer Untersuchung in den USA wurden elf Städte, in denen bis Ende 1972 mindestens ein Prozent der Bevölkerung TM erlernt hatte (darunter Iowa City, Santa Cruz, Santa Barbara und Boulder), mit elf anderen Städten verglichen, in denen es nur sehr wenige TM-Praktikanten gab (darunter Lafayette, Columbia, Rocky Mount und Monterey). Im Hinblick auf die Bevölkerungsstruktur, die geografische Lage und die Kriminalstatistik waren alle Städte weitgehend miteinander vergleichbar. In acht der elf Städte mit nur sehr wenigen Meditierenden registrierte man im Zeitraum von 1972 bis 1973 eine Zunahme der schweren Straftaten um durchschnittlich 8,3 Prozent. Dagegen nahm die Zahl der Straftaten in diesem Zeitraum in den Städten mit einem und mehr Prozent Meditierenden um durchschnittlich 8,2 Prozent ab; gegenüber den anderen Städten betrug die Verringerung 16,5 Prozent.

Auskünfte: „Deutscher Weltplanrat", Am Berg 2, 4516 Schledehausen, Tel.: 05402/80 26.

Lebensqualität wird versprochen. Abertausende von Jugendlichen werden des Wahnsinns fette Beute und tingeln in wallenden Fantasiekostümen als moderne Wiedertäufer durch die Fußgängerzonen, wo inzwischen anstelle von Asphalt anheimelndes Natursteinpflaster verlegt worden ist.

Bundesrepublik Deutschland
„DDR"
Österreich
Drei Deutsche Staaten
abgetrennte Gebiete - vertriebene Menschen
und dennoch:
Wir sind ein Volk

Die mit Hitler-Gruß unterm Hakenkreuz auftretenden westdeutschen Neonazis werden in den Siebzigern als »Ewiggestrige« verniedlicht, denen man keinerlei Zukunftschancen zubilligt, auch wegen ihrer utopischen Gebietsforderungen im Osten. Der auf eine »Gefahr von links« fixierte Staat exekutiert zwar ein Berufsverbot für Kommunisten, läßt seine Faschisten jedoch weitgehend ungeschoren.

Die auf Aussöhnung mit dem Osten sowie auf die Anerkennung der DDR als eigenständiger Staat ausgerichtete »neue Ostpolitik« der sozialliberalen Regierung unter Bundeskanzler Willy Brandt wird nicht nur von der CDU/CSU-Opposition als »Verzichtpolitik« erbittert bekämpft. Auch die Neonazis formieren sich dagegen in einem alle militanten rechtsextremen Organisationen umfassenden Bündnis, der »Aktion Widerstand«. Ihr Slogan: »Brandt an die Wand!«

Mit der 1978 ausgestrahlten amerikanischen Fernsehserie »Holocaust« beginnt erstmals eine breitere Beschäftigung mit der Nazi-Vergangenheit.
Die rechtsradikale Publizistik reagiert darauf mit schlagender Einfachheit: Alles gelogen. Unter der Überschrift »Auschwitz-Lüge« leugnet sie die systematische Massenvernichtung in nationalsozialistischen Konzentrationslagern.

»Deutschland den Deutschen«: Die rechten Ultras der Nationaldemokratischen Partei Deutschlands (NPD) können mit ihren auf rassistische Ressentiments spekulierenden Parolen im Jahrzehnt der Vollbeschäftigung und im Klima einer auch gegenüber Ausländern liberalen Regierungspolitik nicht an ihre früheren regionalen Erfolge in den späten Sechziger Jahren anknüpfen; sie stehen noch auf verlorenem Posten.

»Wir sind ein Volk« ist in den 70er Jahren noch eine Parole, von der niemand ahnt, daß sie ein Jahrzehnt später tausendfach auf dem Leipziger Ring erschallen wird. Die Vorstellung, die DDR in die Bundesrepublik einzuverleiben, ist ein Gedanke, den jeder Vernünftige nur rechtsextremen Spinnern zutraut.

Blue jeans, die Ende vorigen Jahrhunderts in den USA kreiierten Arbeitshosen aus geköpertem Baumwollgewebe, sind das Gesinnungstextil des Jahrzehnts: Der blaue Stoff hebt die bürgerlich-konventionelle Kleiderordnung auf und verwischt den Unterschied zwischen sozialen Schichten und den Geschlechtern. »Tramper aus festem Jeansstoff mit Steppnähten«, »Bettwäsche im Jeans-Charakter«, »Herren-Jeans-Töffel« – simple Alltagsutensilien werden durch »Denim« zu Gegenständen der Zeitmode.

Ölscheichs im Spielcasino: Sie kommen mit 10 Koffern voll Geld. Und gewinnen auch noch . . .

Scheichs stoppen Opel-Werbung

Scheich Abdullah schlägt wieder zu

Der Ex-Mann von Heidi Dichter sucht für 9 Millionen eine neue Frau

Ölscheich kauft Hildegard Knefs Mühle

Sensation: Scheichs steigen bei Mercedes ein!

Araber zahlten 800 Millionen DM ● Zwei Scheichs im Aufsichtsrat?

Verkauft Tina die Onassis-Jacht an einen Ölscheich?

Scheich bietet seiner Frau eine Million - wenn sie zurückkommt

Er mästete sie, weil er nur dicke Frauen liebt ● Sie mußte ihm die Füße küssen

Der Ölschock von 1973 beschädigt in Westdeutschland nicht nur die Zuversicht in die eigene wirtschaftliche Entwicklung. Er verletzt auch das Überlegenheitsgefühl gegenüber der Dritten Welt, deren billige Rohstoffe bisher gedanken- und bedenkenlos verbraucht wurden.

Als das Ölkartell OPEC die Preise für seine Produkte drastisch erhöht, erlebt die westliche Welt erstmals ein Gefühl der Abhängigkeit von ehemaligen Kolonien. Daß es dort nicht nur Armut und Elend gibt, sondern auch für den durchschnittlichen deutschen Zeitungsleser kaum vorstellbaren Reichtum, wird von ihm neidvoll als unverschämte Beleidigung empfunden. In der Bundesrepublik entwickelt sich der reiche »Ölscheich«, der sein Geld in Koffern transportiert und Unsummen für deutsche Schäferhunde und deutsche Frauen zu bezahlen imstande ist, zur heimlich bewunderten Märchengestalt, öffentlich aber zur nicht nur in Büttenreden geschmähten Haßfigur.

Auf Freiersfüßen: Scheich Abdullah

Reicher Araber will deutschen Schäferhund für 100 000 Mark kaufen

Die Ohren gespitzt, die lange Zunge aus der Schnauze hängend, blickt „Gnom" majestätisch geradeaus. Am Tage lebt er im Zwinger, abends holt ihn Herrchen ins Haus.

Das Geschäft scheiterte: Die Frau des Besitzers wollte sich lieber scheiden lassen, als das Tier abzugeben

Marl (Westfalen), 22. Januar

Ein reicher Araber will 100 000 Mark für einen deutschen Schäferhund zahlen — bar auf die Hand. Aber der Besitzer des Hundes, Automechaniker Franz-Josef Köper (36) aus Marl, hat das märchenhafte Angebot seiner Frau zuliebe ausgeschlagen. Sie hatte gedroht: „Wenn der Hund aus dem Haus kommt, kannst du gleich mitgehen."

Der Schäferhund, den Frau Köper um keinen Preis hergeben will, ist zwei Jahre alt. Er heißt „Gnom aus dem schwarzen Zwinger". Er hat wunderschönes schwarzes Fell und hellbraune Läufe. „Gnom" hat schon 24 internationale Preise geholt.

Der Araber und sein zwölfjähriger Sohn sahen den Schäferhund im Juli letzten Jahres in München bei der „Welt-Hauptzuchtschau".

Der Junge war von „Gnom" so begeistert, daß er ihn sofort als Spielkameraden mit nach Hause, nach Beirut (Libanon) nehmen wollte. Sein Vater, Inhaber eines großen Import/Export-Unternehmens, war einverstanden und bot dem Besitzer sofort 30 000 Mark.

„,Gnom' steht in der Weltrangliste der Jungschäferhunde auf Platz 38 von 16 000. Er ist zu wertvoll."

Heiligabend fuhren der Araber und sein Sohn mit einem braunen Jaguar nach Marl. Sein neues Angebot: „42 000 Mark. Außerdem lade ich Sie und Ihre Frau für eine Woche nach Beirut ein, damit Sie sich überzeugen können, daß Ihr Hund in guten Händen ist." Ohne Erfolg.

Am Wochenende brachte der Postbote ein Telegramm aus Holland: „Letztes Angebot. 35 000 US-Dollar" (rund 100 000 Mark). Da wurde Köper weich. Seine Frau Christel sagte: „Der Hund ist mir ans Herz gewachsen. Ich will das Geld nicht." Sie war eher bereit, sich scheiden zu lassen, als auf Gnom zu verzichten.

Der Mann wanderte sechs Stunden lang ziellos durch Marl. Wieder zu Haus, sagte er: „Ich hab's mir überlegt. Wir behalten Gnom."

Der Verlust der 100 000 Mark ist für ihn nicht schlimm: Als Automechaniker verdient er zwar nur 1100 Mark netto. Als Erfinder aber hat er nach Feierabend schon eine Menge Geld dazuverdient (u. a. Kugelschreiber mit Datumsanzeige und automatische Handtuchhalter.)

Nachdem lange Haare zunehmend auch von beliebten Schlagersängern, Fernsehstars und anderen bürgerlich anerkannten modischen Vorbildern getragen werden, und so auch eine größere Akzeptanz beim breiten Publikum finden, fällt die allgemeine Einschätzung Langhaariger differenzierter aus:

Während die dem renitenten Antiatom-Demonstranten wild ins Gesicht hängenden Haarsträhnen Beweis seiner gefährlichen Unangepaßtheit sind, weist das gepflegte, lange Blondhaar den sanften Katzenfreund als anständigen jungen Mann aus.

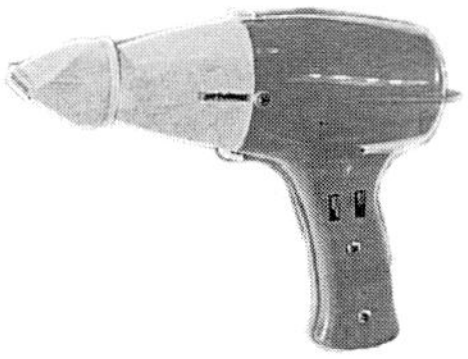

Die wie Teilnehmer eines Oberkellner-Seminars wirkenden Herren im Smoking sind in Wirklichkeit Polizeibeamte. Anläßlich des silbernen Jubiläums des Wiesbadener Bundeskriminalamtes bringt der »Männerchor des BKA« u. a. den Titel »Komm mit an den Rhein« zu Gehör. Was sich wie die freundliche Aufforderung bei einer Festnahme anhört, ist aber eine nicht für den Dienstgebrauch bestimmte Komposition ihres Chorleiters.

In der Festschrift »25 Jahre Bundeskriminalamt« kann der computerbegeisterte Behördenchef, Horst Herold, stolz auf die konkreten Auswirkungen seines Hobbys auf die Staatssicherheit hinweisen. Handliche Computerdisketten ersetzen die immer weiter angeschwollenen Handkarteien und Aktensammlungen.

Der Etat des BKA steigt von 22,4 Millionen Mark im Jahre 1969 bis 1978 auf 200,1 Millionen, die »sächlichen Verwaltungsausgaben« des Bundesamtes für Verfassungsschutz klettern von 10 Millionen auf 134,2 Millionen Mark.

Die Investitionen sind dringend notwendig, denn noch nie zuvor gab es bei Polizei und Staatsschutz einen so großen Arbeitsanfall wie in den Siebzigern: Telefonabhören, Terrorismusbekämpfung, Beschlagnahme staatsabträglicher Druckwerke, Rasterfahndung, Wohnungsdurchsuchungen, Personenobservation etc. Allein für den »Berufsverbot« genannten Radikalenerlaß müssen eine halbe Million Bundesbürger – Lokführer, Lehrer, Postboten – überprüft werden, ob ihre Gesinnung der »freiheitlich demokratischen Grundordnung« entspricht.

Für die musikalische Umrahmung der Feierstunde ›25 Jahre Bundeskriminalamt‹ sorgte der Männerchor des BKA unter Leitung seines Dirigenten Hans G. Becker.

Für das Bundeskriminalamt — nach dem übereinstimmenden Willen der Innenminister Informations- und Kommunikationszentrale der deutschen Polizei — nimmt naturgemäß der weitere Ausbau des polizeilichen Informationssystems INPOL einen hohen Rang ein. Gemeinsam mit den Ländern wurde die Basis gelegt für ein in der Konzeption einzigartiges kombiniertes Auskunfts-, Recherchier-, Dokumentations- und Forschungssystem, das das kriminelle Geschehen in der Bundesrepublik vollständig dokumentieren, analysieren, massenstatistisch aufbereiten und das gesamte polizeiliche Wissen dem sekundenschnellen Zugriff jedes polizeilichen Sachbearbeiters vom Arbeitsplatz her erschließen soll. Schon jetzt werden über 750 Terminals täglich nahezu eine Viertelmillion Anfragen an den Bereich der Fahndung nach 260 000 Personen und 396 000 Sachen, darunter 110 000 Kraftfahrzeugen, gehalten; mit 56 000 Personenaufgriffen im Jahre 1975 konnten die früheren Zahlen z. T. verdoppelt werden.

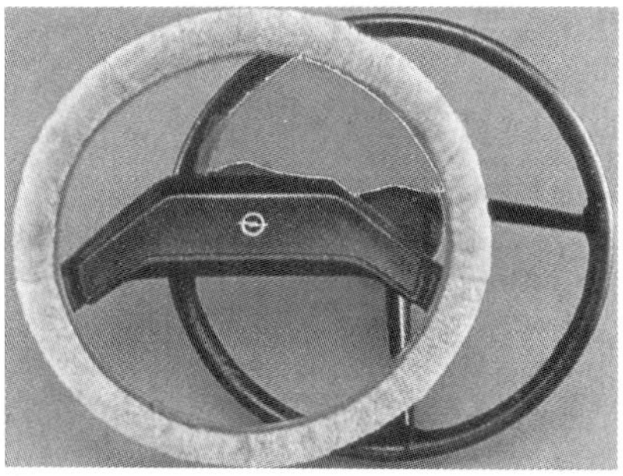

Es herrscht eine allgemeine Vorliebe für Wollenes und Pelziges: Pullover, Häkelwestchen, grobgestrickte Wickeljacken, Lammfellmäntel und folkloristische Ziegenfelljacken sowie »Flokati«-Wollteppiche sind groß in Mode. Selbst Toilettenschüsseln werden mit langhaarigen »WC-Vorlegern« umrandet und Klodeckel mit flauschigen Bezügen versehen. Logischerweise kleiden die Deutschen auch die Objekte ihrer innigsten Zuneigung mit solchen haarigen Materialien aus. Im prestigegerecht ausgestatteten Auto sind Sitze, Hutablage und Lenkrad mit echtem Schaffell oder phantasievollen Pelzimitationen bezogen.

D 312

»Raus aus den elitären Museen und Galerien, hinaus auf die Straße, hin zu den Massen«, heißt die Parole fortschrittsbegeisterter Kulturschaffender in den Siebzigern. Wie alle anderen Bereiche der Gesellschaft sollen auch Kunst und Kultur demokratisiert werden.

Überall in der Bundesrepublik werden kulturelle Sommerveranstaltungen unter freiem Himmel für Kinder und Erwachsene durchgeführt. In den Innenstädten und vor den Werkstoren der Fabriken treten Aktionskünstler und Straßentheatergruppen auf. Mit alternativen Kunstmärkten und Bilderbasaren wollen sie dem Volk die Kunst nahebringen und die passive Konsumentenhaltung des Publikums überwinden.

Theater auf der Straße und Kunstausstellungen in Schulen und Betrieben sollen Bevölkerungsgruppen erreichen, die in Opern- und Schauspielhäusern, in Museen und etablierten Galerien nicht anzutreffen sind.

Auch Autorenlesungen finden an ungewöhnlichen Orten statt. Schriftsteller – wie hier Gerhard Zwerenz – tragen ihre Texte unter anderem in einer zur »Bücher-Tram« umfunktionierten Straßenbahn vor.

Bei Straßenpassanten sollen »Denkanstöße« ausgelöst werden. Um dies zu erreichen, werden zum Beispiel bei mobilen satirischen Aktionen bewußt Versatzstücke der alltäglichen Umwelt als Kunstmittel verwendet.

Durch freies Gestalten und Kommunikationsspiele wird versucht, kreatives Potential freizusetzen. Vor allem Malaktionen mit Kindern sind sehr beliebt. Sie gelten als um so gelungener, je deutlicher sie den Grundsätzen herkömmlicher Reinlichkeitserziehung zuwiderlaufen. So soll eine freie Entwicklung der Kinder gefördert und bürgerlicher Zwanghaftigkeit vorgebeugt werden.

Für diesen guten Zweck stellen die Berliner Verkehrsbetriebe im Juli 1972 einen Autobus zur Verfügung, an dem sich die Mädchen und Jungen einer »Superfete« mit Farbe und bloßen Händen austoben dürfen.

Vorwärts
gegen Strauß

Stoppt Strauß
solange es noch geht

Stoppt Strauss!
STRAUSS HEISST KRIEG!

Freiheit statt Strauß

Auto-Aufkleber gegen Strauß

Einen – original knapp 14 cm breiten – Aufkleber, auf dem Hitler die Aussage „Strauß will Kanzler werden" mit „Sauber" kommentiert, hat der Juso-Kreisverband Zollernalb herstellen lassen. Ein einzelner Aufkleber kostet eine Mark (plus 50 Pf Porto), ab 10 Exemplaren kostet das Stück 70 Pf plus Porto. Einzuzahlen auf das Konto 67920 bei der Volksbank Hechingen (Walter Wadehn). Bestellungen über:
Juso-Kreisverband Zollernalb, Walter Wadehn, Alte Rottenburgerstr. 8, 7450 Hechingen

Als Franz Josef Strauß 1979 zum Kanzlerkandidaten der Union nominiert wird, bildet sich eine alle außerparlamentarischen Oppositionsgruppen und die Gewerkschaften umfassende, bis in die SPD und FDP hineinreichende Aktionsfront »Stoppt Strauß«. Eine derartige, gegen eine einzelne Person gerichtete Initiative hat es davor und auch danach nie gegeben.

Aber schon viel früher ist Strauß, der von allen prominenten westdeutschen Politikern am längsten im Geschäft ist, wegen öffentlicher Äußerungen und durch seine dauernden Verwicklungen in Affären und Skandale zum Symbol für autoritäre und die rechtsstaatliche Demokratie gefährdende Tendenzen geworden.

Während der 70er Jahre entwickelt er sich wie kein anderer zur negativen Kultfigur. In Franz Josef Strauß erblickt die Linke den personifizierten Klassenfeind und den Inbegriff des reaktionären Politikers. Um so frenetischer wird Strauß von Jugendlichen in seiner bayerischen Heimat gefeiert, wo die CSU unter seinem Vorsitz Wahlergebnisse erzielt, wie sie keine andere Partei in keinem anderen Bundesland erreicht.

Franz Josef Strauß

Bei den Olympischen Spielen 1972 in München will sich die Bundesrepublik, nach den Spielen von 1936, der Welt als besonders zivil präsentieren. Nicht etwa der Deutsche Schäferhund wird als Symbol für die »heiteren Spiele« ausgewählt, sondern ein harmloser Dackel. Das putzige Maskottchen »Waldi« wird als Stofftier, Holzspielzeug oder als Plastikanstecker hergestellt. Auch das Aufsichtspersonal soll möglichst salopp erscheinen. Die Männer werden mit einer hellen Uniform ausgestattet – angeblich im »Safari-Look«. Bei genauerem Hinsehen entpuppt sich ihre Bekleidung, dem Zeitgeist der frühen 70er entsprechend, jedoch als ins Modisch-gefällige übersetzte Kopie der chinesischen Mao-Mode.

Aber die wohlgemeinten Bemühungen um einen entspannten Verlauf des Festes sind umsonst: Ein arabisches Terrorkommando nimmt im Olympischen Dorf israelische Sportler als Geiseln, die Polizei entschließt sich zu einem dilletantischen Befreiungsversuch – beim »Münchner Massaker« sterben insgesamt 17 Menschen. Die Spiele gehen weniger heiter weiter.

Olympia Waldi

ATOMKRAFT? NEIN DANKE
Ruf doch mal an!
ATOMKRAFT? NEIN DANKE
AKW - RÜSTUNG
NICHT DUCKEN, MUCKEN!
Gorleben soll leben
STOP

Frauenemanzipation, Rollenverhalten, Rauschmittelkonsum, Telefonkontrolle, Polizeiübergriffe, Kriegsdienstverweigerung, Weltrevolution, Naturschutz – allein den Aufkleber »Atomkraft – nein danke!« gibt's gleich in über einem Dutzend Varianten in fast allen, nicht immer geläufigen Weltsprachen: Links-alternatives Engagement erstreckt sich auf so viele Felder, daß die zu Rockkonzerten, Straßenfesten und Demonstrationen anreisenden Fliegenden Händler mit ihren mobilen Gesinnungs-Boutiquen mit einem einzigen ausklappbaren Tapeziertisch längst nicht mehr auskommen. Die in ihrer Fülle mit der Vielfalt der Szene-Themen konsequent Schritt haltenden Meinungssticker werden von der auch ökologisch engagierten Käuferschaft meist recht einfallslos verwendet – als Aufkleber für die Heckseiten ihrer Autos.

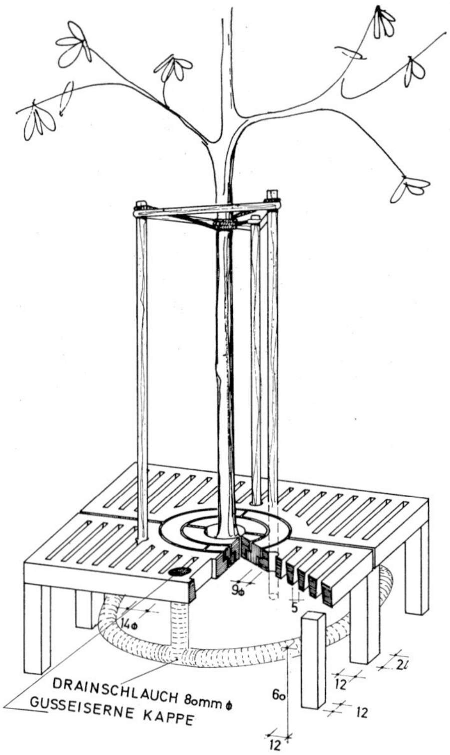

Der Baum am Tropf. Die Bemühungen, die Innenstädte zu re-naturieren, machen es notwendig, die in die City zurückgeholten Bäume gegen die Auswirkungen des modernen Verkehrs zu schützen. Sie werden bewehrt mit Rundeisenstangen gegen parkende Autos, mit Gußstahlgittern und Betonplatten. Damit die Pflanzen in der städtischen Umgebung überhaupt eine Überlebenschance haben, werden ihnen über im Erdreich installierte Einfüllstutzen und komplizierte Dränagesysteme Nährlösungen eingeflößt.

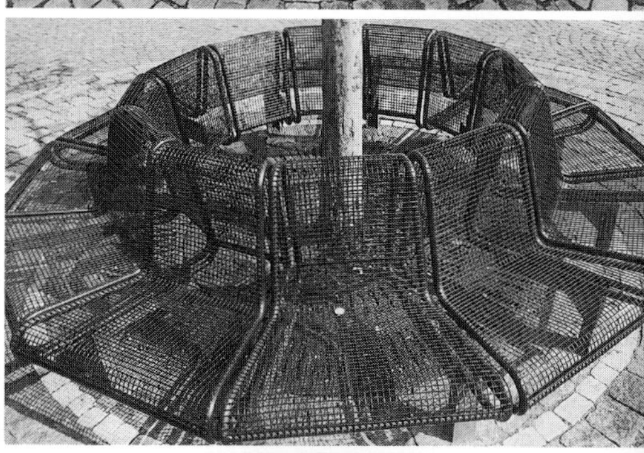

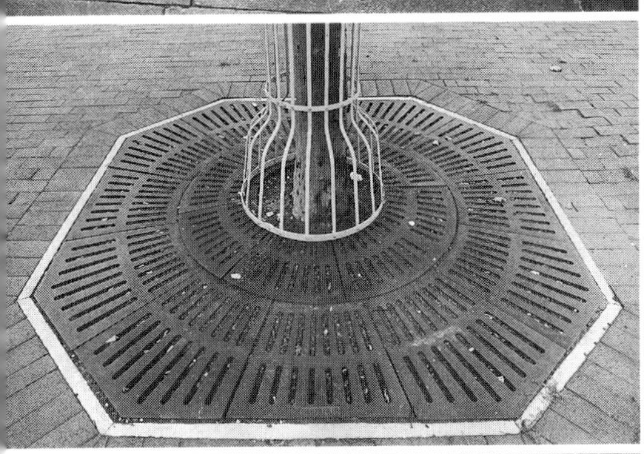

Die klassenkämpferisch-politische Parole der Demonstrantin von 1970 zeigt noch deutlich die Tradition, aus der die Frauenbewegung kommt. Wie die anderen Emanzipazionsbestrebungen ist auch sie aus der Außerparlamentarischen Opposition (APO) hervorgegangen. Erst nach und nach gehen immer mehr geschlechtsspezifische Positionen in die Argumentation des Frauenprotests ein, und die Suche nach weiblicher Identität tritt in den Vordergrund.

Im typischen Outfit der Zeit – mit Schlaghosen, Lammfelljacken, Strickmützen und überlangen Mänteln im »Schlabber-Look« – protestieren Frauen und einige solidarische Männer Ende Februar 1975 gegen das Urteil des Bundesverfassungsgerichts zum Abtreibungsparagraphen 218.

Neben dem Kampf um allgemeine Gleichberechtigung ist es immer wieder die konkrete Forderung nach Selbstbestimmung bei der Geburtenregelung, die zu öffentlichen Aktionen führt. Der Protest gegen den Para-

graph 218 ist während der gesamten 70er Jahre Motor der Frauenbewegung. Im Januar 1977 erscheint die erste Ausgabe der feministischen Frauenzeitschrift »Emma«.

Bei der Bundestagswahl 1976 als Regierungschef bestätigt: Helmut Schmidt, pragmatischer Nachfolger des Reformkanzlers Willy Brandt. Der Mann mit dem Raubtiergebiß trägt, als eine Art Kanzler-Dienstmütze, bei allen Gelegenheiten ein norddeutsch-maritimes Trachtenteil, die sogenannte »Prinz-Heinrich-Mütze«. Des Kanzlers Kappe erfreut

sich in den 70ern als modische Kopfbedeckung beim gesetzten Herrn auch fernab stürmischer Nordsee-Gefilde erstaunlich großer Beliebtheit.

Geht leer aus: Ein junger Aufsteiger aus der Provinz, analog zu einer Waschmittelfigur der Siebziger als »Schwarzer Riese« verspöttelt, hat sich gegen das Establishment seiner Partei nach oben geboxt. Der mit den typischen Zischlauten seines pfälzischen Heimatidioms behaftete Newcomer wird 1976 nicht »Kanzler für Deutschland«. Diesmal nicht.

Wie immer mit im Boot: Außenminister Hans-Dietrich Genscher und seine wendigen Freidemokraten, die es geschafft haben, bisher bei fast jeder bundesdeutschen Regierung mit dabeizusein. Vorerst bleiben sie noch in der sozialliberalen Koalition an der Seite der Sozialdemokraten. Bis sich Gründe für einen Seitenwechsel ergeben – »der Vernunft wegen«.

Die 1956 verbotene Kommunistische Partei Deutschlands (KPD) wird 1968, als Glaubwürdigkeitsbeweis für die »neue Ostpolitik« unter dem Namen »Deutsche Kommunistische Partei« (DKP) wieder zugelassen. Sie versucht Wähler zu mobilisieren, indem sie die staatliche Verfolgung kommunistischer Dissidenten durch den »Radikalenerlaß« anprangert.

Die Rechtsradikalen liegen weitab vom Trend der Siebziger und seiner Vision einer offenen, aufgeklärten Gesellschaft. Ihr Versuch, mit dem Starkwort »Protest!« an den herrschenden Zeitgeist anzuschließen, muß danebengehen – es ist eine 68er-Vokabel, die bei Rechten nicht zieht. Den Neonazis in der NPD bleibt nur das Warten auf bess're Zeiten.

Die eiserner Kaderdisziplin folgende, theoriebesessene Linke ist in zahllose sogenannte K-Gruppen atomisiert. Es gibt, neben anderen, einen Kommunistischen Bund Westdeutschlands (KBW), den Kommunistischen Bund sowie den Bund Westdeutscher Kommunisten, eine KPD/ML (Marxisten-Leninisten) und eine KPD/AO (Aufbauorganisation), und es existiert sogar auch ein schlicht KPD genannter kommunistischer Polit-Zirkel. Im ideologischen Binnenterror zwischen Stalinisten, Maoisten, Trotzkisten oder Leninisten gefangen, verlieren die behaupteten Erben der antiautoritären Achtundsechziger trotz verbreiteter Sympathien für linke Konzepte jede Außenwirkung. Sie sind sich selbst genug.

Ein als »Europäische Arbeiterpartei« auftretender, eher rechtsextremer spiritistischer Verein nimmt mit seinem etwas ungelenk formulierten Wahlkampfslogan »Statt Panzer Traktoren« vorweg, was die grenzübergreifende deutsche Friedensbewegung wenig später weitaus flüssiger und einprägsamer postuliert: »Schwerter zu Pflugscharen«.

Als »Vierte Partei« neben den drei etablierten in Bonn soll eine mit dem rechten Reißrand von CDU und CSU versippte Gruppierung Stimmen gegen die »Verzichtpolitik« der sozialliberalen Regierung sammeln. Aber das zeitgerecht grüne vierblättrige Kleeblatt als Parteiemblem kann das Glück nicht erzwingen: Die Altparteien bleiben vorerst unter sich.

HOTEL EDEN & RESTAURANT

Im Etablissement des himmlischen Vergnügens servieren wir:

Hashish Milchkaffee	1.25
Hashish schwarzer Kaffee	1.-
Hashish heiße Schokolade	2.-
Hashish Zitronentee	1.-
Ganja Milchkaffee	1.-
Ganja schwarzer Kaffee	0.75
Ganja Milchtee	0.75
Ganja schwarzer Tee	0.60
Hashish Lemon Squash	1.-
Hashish Orange Squash	1.-

Spezialitäten unseres Hauses:

Hashish Lashi	2.25
Hashish Käsetoast	2.50
Hashish Eiertoast	2.50
Hashish Törtchen	1.50
Marihuana Pudding	2.-
Hashish Schokolade	1.50

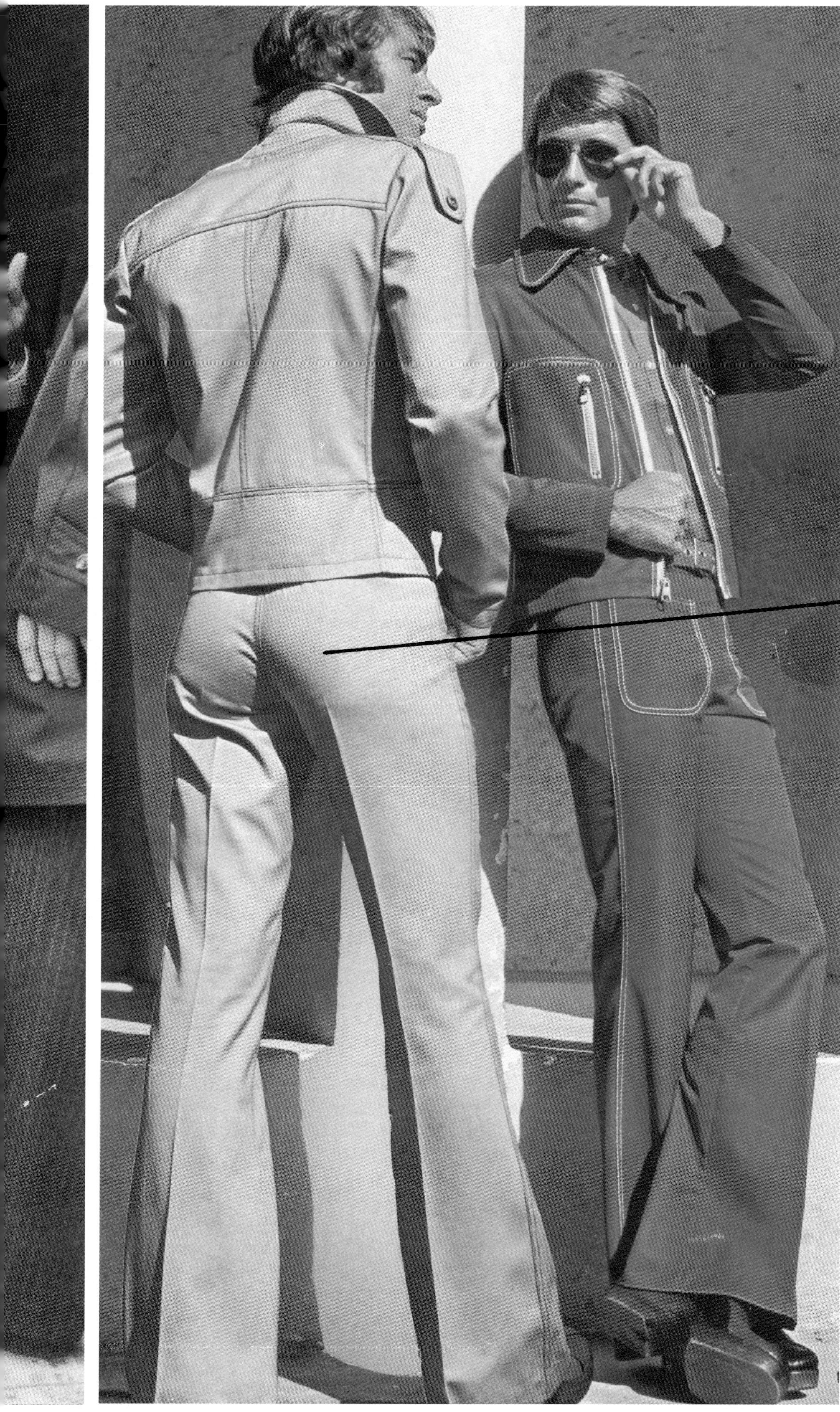

Die aktuelle sogenannte »Freizeitkleidung« läßt mit ihren kurzen, engen Jacken Hüfte und Gesäß des Mannes vorteilhaft zur Geltung kommen.

Unbeeinflußt von diesen Neuerungen der Herrenoberbekleidung bleibt die festliche Abendgarderobe. Neu ist jedoch, daß zum dunklen Anzug eine schußbereite automatische MP5 von Heckler & Koch getragen wird – dies gilt allerdings nicht für jeden und zu jeder Zeit, sondern nur für die beiden konventionell gekleideten Zivilbeamten bei ihrem Kirchgang anläßlich der Trauerfeier für den von der RAF ermordeten Arbeitgeberpräsidenten Hanns Martin Schleyer.

Ich möchte aufs Land ziehen und dort an einem Projekt mitmachen oder eins aufziehen (z.B. Kinderarbeit, Teestube, Therapie, Landwirtschaft, Buchladen). Ich bin 25, Dipl. Päd. und habe bisher neben meinem Studium vor allem Kinderarbeit und in Männergruppen mitgemacht. Michael, Bornheimer Landstr. 64, 6 Ffm 1, Tel. (0611) 44 02 76 o. 45 20 28. Ich habe noch Kommuneträume von Zusammen-Leben im Kopf und komme am besten mit Leuten klar, die ein bißchen freakig sind.

Landkommune im Vogelsberg (bis jetzt 2 Frauen, 22, u. 7 Wo; 2 Männer, 22 u. 24, sucht noch Mitbewohner/innen. Haben eigenes Haus (Fachwerk, größtenteils renoviert) und ca. 4000qm Wiese mit Garten, Hühner, Hund, Katzen, Gänse u. Hasenfamilie. Du/ihr solltet euch das gut überlegen u. ein bisserl Arbeitswillen mitbringen. Tel. 06641/15 36

Ich brauch nen Platz zum Luftholen; jetzt, wo auf nem Bauernhof die Frühjahrsarbeit anfängt, würde ich, 25, m, gern ne zeitlang (bis Herbst?) im Freien schaffen. Bleed bin i net u. arbeiten tu ich auch recht gern (es muß ne gescheite Arbeit sein). Dieter-Udo Mink, Friedensstr. 7, 6720 Speyer

Da der Frühling ganz bestimmt kommt suchen wir noch dringend einige Frauen u. Männer (auch m. Kindern), die sofort in einer Landkommune (9Zi, 5 1/2 ha Land etc) mitmachen wollen. Wir sind 15 km von Kassel weg. 3501 Habichtswald-Dörnberg, Wolfhager Str. 9
(Ich hab's gekürzt, weil ihr das auch mit unsichtbarer Tinte hättet schreiben können, Lutz)

Alternativgruppe sucht Mitglieder Wir sind z.Zt.. 6 m + 3w, u. wollen gemeinsam 'Urschreitherapie' machen u. anschließend auf dem Land leben. Interessenten bitte telef. anmelden, da wir oft unterwegs sind. Oliver Jünke, Nachtigallstr. 30, 5810 Witten,

Abschied vom Selbstmitleid: Stadtindianerin fühlt sich im Reservat aus Plastik, Dosen, Beton zum Kotzen. Will daher ernsthaft m. Kindern, Leuten (hiermit gesucht) Tieren, Musik, Blumen, Erde, Politik, Worten, Lachen, Zärtlichkeit in der Präríe zw. ? u. Ffm eine Land-Produkt.-u. Wohn- u. überhaupt Gemeinschaft gründen (m. stabiler Prägung) Ruft mich mal an: Moni, Tel. 06181/20172 (Den Rest kannste am Telefon erzählen; wenn die Telefonnr. nicht stimmt ist's dein Hirsebrei. . .L.)

Biologische Kartoffel gibt's bei uns ab Ende September zentnerweise zum Selbst-Einkellern für 18,- DM pro Zentner (wenn ihr Säcke habt – bringt welche mit!) Altenfelder Hof, 6474 Ober-Seemen

Frau od. Paar, Kind wär ganz gut) für WG auf teilbewirtschaftetem Bauernhof gesucht. Selbstversorgung wird angestrebt. Wir (3 Erw., ca. 24 + 1 Kind 2,5J.), eins kommt noch, schaffen die Arbeit nicht mehr. Anbaubarer Wohnraum ist genügend vorhanden - etwas Zeit und Geld wäre ganz gut. Sehr nah bei Ffm, S-Bahn, Tel. 06193/43488

LandWG suchtnoch Mitbewohner. Das Haus ist etwa abgewrackt u. liegt 30km in Richtung Büdingen. Im Moment wohnen 3 Leute da, ab Juli noch ein Kind. Warten an Himmelfahrt auf euren Besuch od schreibt eine Karte: Beate Schönau, Ronneburgstr. 15, 6477 Limeshain-Himbach

In »Landkommunen« genannten exklusiven Herbergsgemeinschaften außerhalb der Metropolen setzen städtische Bürgerkinder dem kalten Mythos von Fortschritt und Modernität ihren eigenen naturschwärmerischen Lebensentwurf entgegen. Der Rückzug in die ländlichen Fluchtburgen bestärkt die Aussteiger in ihrer egozentrischen Selbstgewißheit, wahrer Fortschritt sei nur auf eigener Scholle fernab der übermächtigen gesellschaftlichen Realitäten möglich. In ihren eher nach Hanf als nach Heu duftenden Fachwerkhäusern wagen sie den großen Sprung nach vorn in die Vergangenheit und stellen bei Schrotbrot und Brennesselsuppe die Notzeiten der Nachkriegsjahre nach.

Schneiden: ja
Abschneiden: nein

So werden junge Männer topfit

Vorher: Etwas dümmlich, ungepflegt, kontaktabweisend. Gammlerverdächtig, unvorteilhaft und ungepflegt.

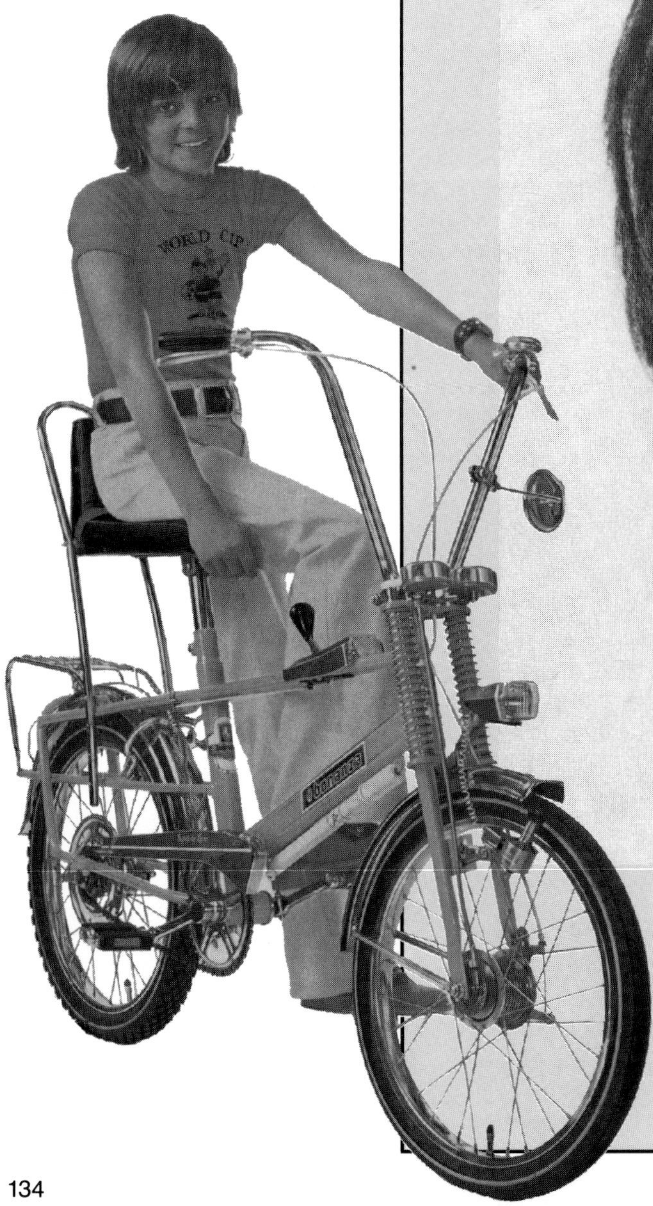

Keine Angst, Sportsfreunde vor dem Haareschneiden! Liefern Sie es ruhig mal wieder ans Messer oder an die Meisterschere. Denn ein geschickter Friseur schneidet das Haar nicht einfach ab. Er macht, wenn's sein soll, sogar „mehr" Haar auf Ihrem Schopf. Durch einen meisterhaften Stützschnitt nämlich. Gucken Sie auf unsere Fotos! Na, stimmts!

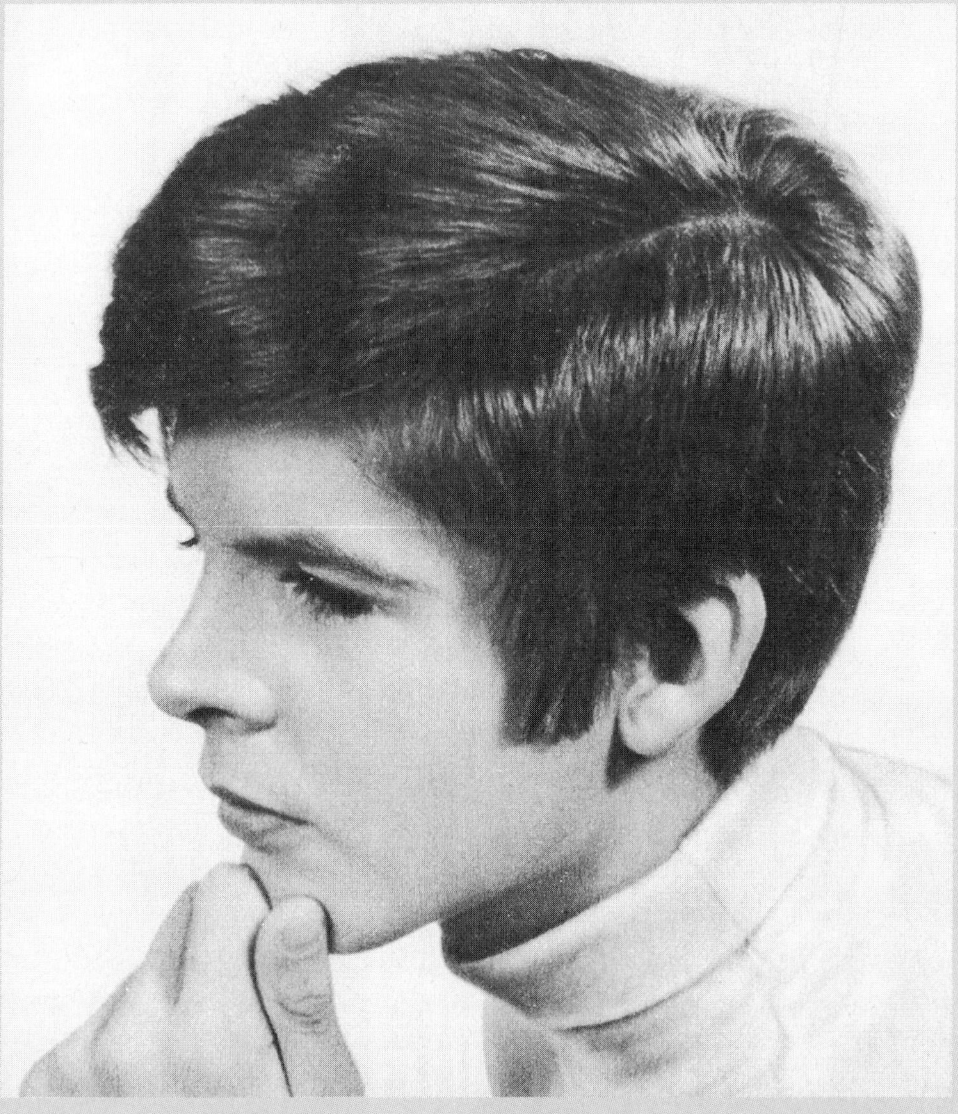

Nachher: Sichtlich reifer, spielerisch, interessant, akzeptabel. Das ist der flotte Junge, wie Mädchen ihn mögen (und Mütter ihn willkommen heißen).

Bayer forscht für den

Umweltschutz

Die in zahlreiche Bürgerinitiativen zersplitterte Ökologiebewegung formiert sich. Ende 1979 kommen Grüne in Bremen erstmals in ein Landesparlament. Bei ihrem Einzug führen die vier grünen Bürgerschaftsabgeordneten Beispiele ihrer neuen Öko-Ästhetik vor: einfache Feldblumensträuße und eine lokale Tiermotive darstellende Laubsägearbeit. Delphine Brox hat ein völkisches, gesmoktes Kittelgewand mit Keramik-Halsfibel an. Statt einer Handtasche trägt sie das Transportmittel des ökologisch korrekten Bundesbürgers der späten 70er Jahre: Die Tragetasche »Jute statt Plastik«.

Der aus kratziger Bastfaser hergestellte Beutel, eine »Handarbeit aus Bangladesch«, stellt sich später als wenig umweltfreundlich heraus. Sein Material enthält u.a. die krebsfördernden Pflanzengifte Hexachlorbenzol (HCB) und Polychloriertes Biphenylen (PCB), das Insektengift Lindan (HCH) sowie die Pestizide Chloran und Heptachlor.

Die Tragetasche wird vom Markt genommen, die Grünen bleiben. Und die umweltzerstörende chemische Industrie lernt von ihnen, mit ökologischen Argumenten zu werben.

JUTE
STATT
PLASTIK
HANDARBEIT AUS BANGLADESH

Die Reize des äußeren Erscheinungsbildes der Hippie- und Flower-Power-Bewegung werden als attraktive Möglichkeit zur Belebung bürgerlicher Parties und für Werbeaktionen nutzbar gemacht:

Die Stadtverwaltung des oberbayerischen Kurstädtchens Ruhpolding läßt als Glanzpunkt der Eröffnung eines neuen Wellenbades einige als »schwarz-weiße Badenixen« angekündigte Mädchen als Blumenkinder-Imitationen »oben ohne« im Wasser planschen.

FORD
TAUNUS L
K HX 509

Die Autoren Nikolaus Jungwirth und Gerhard Kromschröder – hier im Sommer 1974 vor der Göttinger Stadthalle – bedanken sich bei all denen, die den Alltag der 70er Jahre ambitioniert – oder auch ganz unambitioniert – mit dem Fotoapparat dokumentiert und für dieses Buch erhalten haben. Namentlich bekannt sind: Associated Press, Kurt Bethke, Deutsche Presseagentur, Ralph Delhees, Gerhard Diersen, Dirk Eisermann, Helga Lade Fotoagentur, Klaus Maier-Ude, Pardon-Archiv, G. P. Reichelt, Hans Rempfer, Inge Werth.

Flokati-Fieber in Stichworten

Die langhaarigen Zottelzeiten sind vorbei!

Während sich noch mancher Vater mit langer Protestmähne gefällt, sind die Junioren längst bei sportlich-kurzen Haarschnitten angelangt.

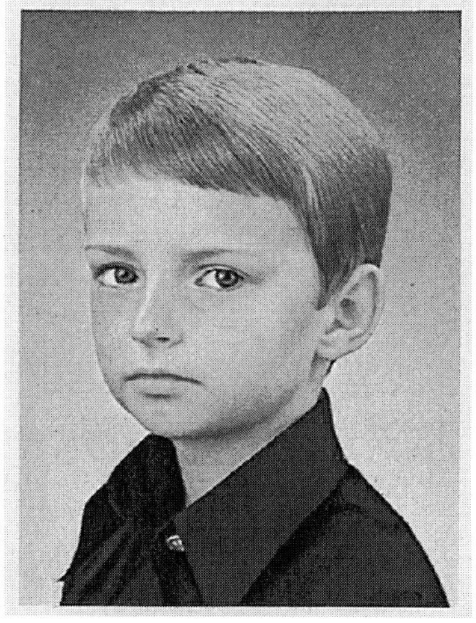

»clivia«, Kundenzeitschrift der Wella AG, Darmstadt